APRENDENDO A LIDAR COM A

RAIVA

THICH NHAT HANH

APRENDENDO A LIDAR COM A RAIVA

SABEDORIA PARA A PAZ INTERIOR

SEXTANTE

TRADUÇÃO
Claudia Gerpe Duarte
PREPARO DE ORIGINAIS
Regina da Veiga Pereira
REVISÃO
Antonio dos Prazeres
Sérgio Bellinello Soares
CAPA
Porto Martinez
PROJETO GRÁFICO E DIAGRAMAÇÃO
Marcia Raed
FOTOLITOS
R. R. Donnelley Mergulhar
IMPRESSÃO E ACABAMENTO
Lis Gráfica e Editora

CIP-BRASIL. CATALOGAÇÃO-NA-FONTE
SINDICATO NACIONAL DOS EDITORES DE LIVROS, RJ.

N479r Nhat-Hanh, Thich, 1926-
Aprendendo a lidar com a raiva
/ Thich Nhat-Hanh ; tradução de Claudia Gerpe Duarte. – Rio de Janeiro : Sextante, 2003

Tradução de: Anger
ISBN 85-7542-062-3

1. Vida espiritual (budismo). 2. Raiva – Aspectos religiosos – Budismo. 3. Compaixão – Aspectos religiosos – Budismo.
I. Título.

03-0644. CDD 294.35
CDU 294.3.4

EDITORA SEXTANTE / GMT EDITORES LTDA.
Rua Voluntários da Pátria, 45 – Gr. 1.404 – Botafogo
22270-000 – Rio de Janeiro – RJ
Tel.: (21) 2286-9944 – Fax: (21) 2286-9244
Central de Atendimento: 0800-22-6306
E-mail: atendimento@esextante.com.br
www.sextante.com.br

SUMÁRIO

Introdução

A prática da felicidade

Para mim, ser feliz significa sofrer menos. Se não fôssemos capazes de transformar a dor que existe dentro de nós, a felicidade seria impossível.

Muitas pessoas procuram a felicidade fora de si mesmas, mas a verdadeira felicidade precisa vir de dentro de nós. Nossa cultura tem muitas receitas de felicidade, e afirma que a atingimos quando possuímos uma grande quantidade de dinheiro, muito poder e uma elevada posição na sociedade. Mas, se você observar com cuidado, verá que numerosas pessoas ricas e famosas não são felizes. Até você já viveu esta experiência: depois de alcançar um bem material que desejava ardentemente, experimentou alegria durante um certo tempo, mas rapidamente voltou à insatisfação inicial, passando a desejar outra coisa. Este é um processo interminável e frustrante.

O Buda e os monges da época dele não possuíam nada, a não ser três mantos e uma tigela de comida, mas eram felizes porque tinham algo extremamente precioso – *a liberdade*.

De acordo com os ensinamentos do Buda, a condição básica para a felicidade é *a liberdade*. Não estamos nos referindo aqui à liberdade política, e sim à liberdade que conquistamos quando nos libertamos da raiva, do desespero, do ciúme e das ilusões. Buda os descreve como venenos. Enquanto eles estão no nosso coração, é impossível ser feliz.

Neste livro vou lhes falar sobre a raiva, porque esta é uma

emoção extremamente destrutiva e muito presente na nossa civilização. Vou procurar lhes ensinar a libertar-se dela, praticando o que chamo de exercício da Plena Consciência, independentemente de sermos cristãos, muçulmanos, budistas, hindus ou judeus. Vou lhes dar instruções concretas sobre como transformar o anseio, a raiva e a confusão que existem dentro de nós. Se seguirmos essas instruções e aprendermos a cuidar do nosso sofrimento, alcançaremos a paz e poderemos ajudar outras pessoas a fazer a mesma coisa.

Estamos muito estruturados em nossos comportamentos. Vivemos num mundo violento e reproduzimos, desde muito cedo, sem nos darmos conta, essa violência nos pequenos gestos do cotidiano, na relação com nossos parceiros, filhos, família, companheiros de trabalho, pessoas com quem cruzamos na rua. Regamos abundantemente a semente da raiva existente dentro de cada um de nós, e nos descuidamos das sementes do amor, da compaixão, da doçura, da solidariedade. Solidificamos os hábitos agressivos e recebemos agressão de volta, num processo sem fim.

Para que essa estrutura seja desmanchada, para que as sementes positivas sejam nutridas e para que o hábito se transforme, é necessário ouvirmos muitas vezes os novos conceitos, as novas práticas, os novos ensinamentos. Por isso eles serão repetidos no correr deste livro, para que impregnem o seu ser, condicionem uma nova consciência, comecem a se traduzir nas suas atitudes, e tragam, para você e para o mundo, a paz, a felicidade e a harmonia que todos buscamos.

Mudando para melhor

Suponhamos que, numa determinada família, pai e filho estão com raiva um do outro. Eles não conseguem mais se comunicar e por isso sofrem muito. Nenhum dos dois quer permanecer preso à raiva que estão sentindo, mas não sabem como dominá-la.

Quando estamos com raiva, sofremos como se estivéssemos ardendo no fogo do inferno. Quando sentimos um grande desespero ou ciúme, estamos no inferno. Precisamos, nesses momentos, procurar um amigo ou uma amiga que nos ajude a transformar a raiva e o desespero que ardem em nós.

Ouvir com compaixão alivia o sofrimento

Quando as palavras de uma pessoa estão cheias de raiva, é sinal de que ela está sofrendo profundamente. Por sofrer tanto, ela fica cheia de amargura, torna-se agressiva e está sempre pronta a se queixar e culpar os outros por seus problemas. Por isso você acha muito desagradável escutar o que ela tem a dizer e procura evitá-la.

Para compreender e transformar a raiva, precisamos aprender a ouvir com compaixão e usar palavras amorosas. *Compaixão não é pena, é solidariedade, é colocar-se no lugar do outro para compreender o que ele sente.* Existe um Bodisatva – um Grande Ser – capaz de ouvir profundamente e com grande compaixão. Quando somos capazes de ouvir alguém com compaixão, como este Grande Ser, conseguimos aliviar o sofrimento e oferecer uma orientação concreta àqueles que nos procuram em busca de ajuda. Não tenha pressa. Fique tranqüilamente ao lado da pessoa durante o tempo que for necessário e escute o que ela tem a dizer, deixando que ela se expresse livremente. Repito, você poderá aliviar grande parte do sofrimento dela se mantiver viva a compaixão durante todo o tempo em que a estiver ouvindo.

Você precisa se concentrar bastante enquanto escuta, ouvindo com todo o seu ser: com os olhos, os ouvidos, o corpo e a mente. Se você apenas fingir que está ouvindo e não se esforçar para prestar atenção com a totalidade do seu ser, a outra pessoa perceberá isso e o sofrimento dela não será aliviado. Não é fácil manter essa concentração, porque o nosso pensamento se evade muitas vezes. Mas se você respirar serena e profundamente e trouxer de volta a atenção sempre que ela se dispersar, com o desejo sincero de ajudar a pessoa a encontrar alívio, você será capaz de sustentar a compaixão enquanto estiver ouvindo.

Ouvir com compaixão é uma prática muito profunda. Você não ouve para julgar ou culpar ninguém. Você só escuta porque quer que a outra pessoa sofra menos. Ela pode ser seu pai, seu filho, sua filha, seu companheiro ou alguém amigo. *Ouvir a outra pessoa pode efetivamente ajudar a transformar a raiva e o sofrimento dela.*

Uma bomba prestes a explodir

Conheço uma mulher católica que mora na América do Norte. Ela sofria muito porque seu relacionamento com o marido era extremamente difícil. O casal tinha uma formação acadêmica elevada, mas o marido estava em guerra com a mulher e os filhos, não conseguindo muitas vezes nem mesmo falar com eles. Todos na família procuravam evitá-lo, porque ele era como uma bomba prestes a explodir. A raiva dele era enorme, o que o fazia sofrer bastante. Ele achava que a mulher e os filhos o desprezavam, porque se afastavam dele. Não era desprezo o que a mulher e os filhos sentiam, era medo. Ficar perto daquele homem era perigoso, porque ele podia explodir a qualquer momento.

Certo dia, a esposa pensou em se matar porque não podia mais suportar a situação. Mas, antes de cometer suicídio, ela telefonou para uma amiga que era praticante do budismo e contou o que estava planejando. A amiga a havia convidado várias vezes para praticar a meditação, a fim de sofrer menos, mas ela sempre recusara o convite, explicando que, sendo católica, não poderia praticar ou seguir os ensinamentos budistas.

Ao tomar conhecimento de que a amiga pretendia se matar, a mulher budista disse ao telefone: "Se você é de fato minha amiga, quero lhe fazer um pedido. Tome um táxi e venha até a minha casa."

Quando a mulher chegou, a amiga insistiu para que ela ouvisse uma fita que continha uma palestra do darma que ensinava como restabelecer a comunicação com os outros, sobretudo os mais próximos. Deixou-a sozinha na sala e, quando voltou, uma hora e meia depois, a amiga passara por uma grande transformação. Ela descobrira muitas coisas. Compreendera que era em parte responsável pelo próprio sofrimento e que também tinha causado um grande sofrimento ao marido, pois não fora capaz de ajudá-lo. Entendeu que a raiva do marido era causada por um grande sofrimento e que o fato de evitá-lo apenas aumentava sua dor. As palavras da fita a fizeram entender que, para ajudar a outra pessoa, ela tinha que ser capaz de ouvir com profunda compaixão. Deu-se conta de que não conseguira fazer isso nos últimos cinco anos.

Desarmando a bomba

Depois de ouvir a palestra do darma, a mulher sentiu um intenso desejo de ir para casa, procurar o marido e pedir-lhe que falasse de seus sentimentos, para ajudá-lo. Mas a amiga budista lhe disse: "Não, minha amiga, você não deve fazer isso hoje, porque, para ouvir com compaixão, é preciso treinar durante pelo menos uma ou duas semanas." A budista convidou então a amiga católica para participar de um retiro, onde ela poderia aprender mais.

Quatrocentas e cinqüenta pessoas participaram do retiro, comendo, dormindo e praticando juntas durante seis dias.

Praticaram a respiração consciente, permanecendo atentas ao ar que entrava e saía, para unir o corpo e a mente. Praticaram o andar consciente, concentrando-se em cada passo, e o sentar consciente, para se tornarem capazes de observar e abraçar o sofrimento à sua volta.

Além de ouvir palestras sobre o darma, todas praticaram a arte de escutar umas às outras e usar palavras amorosas. Tentaram ouvir profundamente o que a outra dizia para compreender seu sofrimento. A mulher católica entregou-se com muita seriedade e profundidade à prática, porque para ela se tratava de uma questão de vida ou morte.

Ao voltar para casa depois do retiro, ela se sentia muito calma, com o coração repleto de compaixão, querendo sinceramente ajudar o marido a desarmar a bomba que pulsava dentro dele. Ela se movia devagar, prestando atenção em seus passos e respirando lenta e conscientemente para permanecer calma e alimentar sua compaixão. O marido notou imediatamente a mudança e surpreendeu-se quando a mulher se aproximou e se sentou perto dele, algo que não fazia há cinco anos.

Ela ficou em silêncio durante talvez dez minutos e depois colocou delicadamente a mão sobre a dele, dizendo: "Querido, eu sei que você tem sofrido muito nos últimos cinco anos e sinto muito por isso. Sei que sou em grande parte responsável pelo seu sofrimento. Cometi muitos erros e lhe causei muita dor, mesmo sem desejar. Sinto de fato muitíssimo. Gostaria que você me desse a chance de recomeçar. Quero fazer você feliz, mas não tenho sabido como, e não quero mais continuar desse jeito. Por isso, querido, preciso que você me ajude a compreendê-lo melhor para poder amá-lo melhor. Por favor, me diga o que se passa no seu coração. Eu sei que você sofre muito, mas preciso conhecer seu sofrimento para não repetir os mesmos erros do passado. Se você não me ajudar, não posso fazer nada. Preciso da sua ajuda para parar de magoá-lo. Tudo o que eu quero é amar você." Ao ouvi-la falando dessa maneira, ele começou a chorar. Chorou como uma criança.

Sua mulher estivera amarga durante muito tempo. Ela gritava o tempo todo, criticando-o, e suas palavras eram cheias de raiva e agressividade. Tudo o que eles faziam era brigar um com o outro. Há anos ela não falava com ele daquele jeito, com tanto amor e carinho. Quando ela viu o marido chorar, soube que tinha uma chance. A porta do coração do marido começava a se abrir de novo. Ela sabia que precisava ter muito cuidado e por isso continuou a praticar a respiração consciente. Disse apenas: "Por favor, meu querido, abra seu coração para mim. Quero aprender a fazer melhor as coisas, para não continuar a cometer erros."

Toda a formação acadêmica dos dois não lhes ensinara a ouvir um ao outro com compaixão. Mas aquela noite foi um marco na vida daquele homem e daquela mulher, porque ela aprendera a ouvir com compaixão. Passaram muitas horas conversando, e este foi o início de uma feliz reconciliação.

Ensinamento correto, prática correta

Quando a prática é correta e adequada, poucas horas podem ser suficientes para produzir a transformação e a cura. A conversa daquela noite fez com que o marido se inscrevesse também em um retiro.

Esse retiro durou seis dias e também causou no marido uma grande transformação. Durante uma meditação do chá, ele apresentou a mulher aos outros participantes, dizendo: "Queridos amigos e companheiros, gostaria de apresentar a vocês um Bodisatva, um Grande Ser. Trata-se da minha mulher, um grande Bodisatva. Eu a fiz sofrer muito nos últimos cinco anos. Fui um completo idiota. Mas ela conseguiu mudar tudo. Ela salvou minha vida." A seguir, os dois contaram sua história e o que os levara a participar do retiro. Descreveram também como foram capazes de se reconciliar num nível profundo e renovar o amor que sentiam um pelo outro.

Quando um agricultor usa um tipo de fertilizante que não surte efeito, ele precisa trocar o produto. O mesmo acontece conosco. Se depois de vários meses nossa prática não tiver ocasionado nenhuma transformação ou cura, temos que reconsiderar a situação. Precisamos modificar nossa maneira de ver as coisas e aprender mais, para descobrir a forma capaz de transformar nossa vida e a vida das pessoas que amamos.

O importante é descobrir e aprender a prática correta. Se você se empenhar seriamente nisso, sabendo que sua felicidade depende desse exercício, tal como a mulher da história que acabei de contar, você será capaz de mudar tudo.

Como tornar possível a realidade

Vivemos numa época que dispõe dos mais sofisticados meios de comunicação. As informações viajam rapidamente de um lado para outro do planeta. No entanto, é exatamente neste momento que a comunicação entre as pessoas – pai e filho, marido e mulher, mãe e filha – se tornou extremamente difícil. Se não conseguirmos restabelecer a comunicação, a felicidade jamais será possível. No ensinamento budista, as práticas de ouvir com compaixão, usar palavras amorosas e cuidar da nossa raiva são apresentadas com muita clareza. Se quisermos restabelecer a comunicação e trazer a felicidade para a nossa família, para nosso espaço profissional e para nossa comunidade, temos que colocar em prática os ensinamentos do Buda sobre ouvir profundamente e falar com amor. Só então poderemos ajudar outras pessoas no mundo.

1
Consumindo a Raiva

Todos precisamos aprender como lidar e cuidar da nossa raiva. Para fazer isso, temos que prestar mais atenção ao aspecto bioquímico da raiva, porque este sentimento tem suas raízes tanto no corpo quanto na mente. Precisamos então examinar profundamente o modo como comemos, bebemos, consumimos, e também a forma como lidamos com o corpo na vida cotidiana.

A raiva não é apenas uma realidade psicológica

Aprendemos nos ensinamentos do Buda que o corpo e a mente não são separados um do outro, mas uma só realidade. A raiva não é apenas um processo mental, porque os aspectos mentais e físicos estão interligados e não podem ser separados. No budismo, chamamos a formação corpo/mente de *namarupa*. Namarupa é o corpo-mente como uma única entidade. A mesma realidade aparece às vezes na mente e às vezes no corpo. Se conseguirmos superar a dualidade que vê a mente e o corpo como totalmente separados um do outro, chegaremos muito perto da verdade.

Muitas pessoas estão começando a compreender que o que acontece no corpo também acontece na mente, e vice-versa. A medicina moderna sabe que a doença do corpo pode ser resultado da doença da mente e também que a doença da mente pode estar relacionada com a doença do corpo. Por isso temos que cuidar muito bem do corpo se quisermos dominar a raiva. A maneira como comemos e aquilo que consumimos passa então a ser extremamente importante.

Nós somos o que comemos

A raiva, a frustração e o desespero que sentimos têm muita relação com o nosso corpo e com os alimentos que ingerimos. Precisamos, portanto, cuidar bem da nossa alimentação para nos protegermos contra a raiva e a violência. A maneira como cultivamos os alimentos, o tipo de comida que ingerimos e o modo como comemos podem trazer a paz e aliviar o sofrimento.

Nossa comida desempenha um papel muito importante na raiva que sentimos. Os alimentos podem conter raiva. Quando comemos a carne de um animal que estava com a doença da vaca louca, a raiva está presente nessa carne. Esta é uma constatação óbvia, mas precisamos também prestar atenção nos outros tipos de alimentos que ingerimos. O ovo ou o frango que comemos também podem conter uma grande quantidade de raiva. E, se comemos a raiva, expressamos a raiva.

Hoje em dia, as galinhas são criadas em larga escala em fazendas onde não podem andar, correr e ciscar. São alimentadas exclusivamente pelos seres humanos e mantidas em pequenas gaiolas sem poder se mexer, sendo obrigadas a ficar de pé noite e dia. Pense na possibilidade de você não ter o direito de andar ou correr. Imagine ter que permanecer noite e dia no mesmo lugar. Você enlouqueceria. É isso o que acontece com as galinhas: ficam loucas.

Para que as galinhas produzam mais ovos, criam-se o dia e a noite artificiais, usando uma iluminação com o objetivo de fazer dias e noites mais curtos, para que as galinhas ponham mais ovos. Essas aves acumulam muita raiva, frustração e sofrimento, e expressam esses sentimentos atacando as galinhas que estão perto delas, usando o bico para ferir as outras. Com isso elas sangram, sofrem e morrem. Para evitar que a frustração faça com que as galinhas ataquem umas às outras, os criadores agora partem seus bicos.

Pense nisso: quando você come a carne ou o ovo de uma dessas galinhas, está ingerindo raiva e frustração. Preste atenção. Tome cuidado com o que você come. Se ingerir raiva, você terá e expressará raiva. Se comer desespero, sentirá e manifestará desespero. Se engolir frustração, expressará frustração.

Temos que comer ovos alegres de galinhas felizes. Precisamos beber um leite que não venha de vacas raivosas. Deveríamos tomar o leite orgânico de vacas criadas de um modo natural. É preciso haver um grande movimento que estimule e apóie os fazendeiros, encorajando-os a criarem seus animais da maneira mais respeitosa possível. Também precisamos comprar legumes e verduras cultivados organicamente.

Consumimos a raiva através de outros sentidos

Nós não ingerimos a raiva apenas através dos alimentos, mas também através dos olhos, ouvidos e com a consciência. O consumo de artigos culturais também tem relação com a raiva. Por isso, desenvolver uma estratégia de consumo é extremamente importante.

Os artigos e reportagens que lemos nas revistas e os programas a que assistimos na televisão também podem ser tóxicos, por causa da raiva e frustração que contêm. Os filmes são como um bife ou um ovo. Se encerrarem raiva, ao consumi-los estamos colocando para dentro de nós raiva e frustração. Os artigos dos jornais e até mesmo as conversas podem conter muita raiva.

Pense um pouco nas vezes em que, depois de uma hora de conversa, as palavras de uma outra pessoa envenenaram você com uma grande quantidade de toxinas. Essa raiva ingerida certamente se expressará mais tarde. É por isso que precisamos estar permanentemente atentos e conscientes com relação ao que consumimos. Quando você ouve o noticiário, lê um artigo no jornal, vê um filme ou discute um assunto com outras pessoas, está assimilando o mesmo tipo de toxinas que ingere quando come de uma forma inconsciente.

Comendo bem, comendo menos

Algumas pessoas se refugiam na comida para compensar as tristezas e a depressão. Comer demais pode criar dificuldades para o aparelho digestivo, contribuindo para o surgimento da raiva. Também pode gerar um excesso de energia que se transforma na energia da raiva, do sexo e da violência, se não soubermos lidar com ela.

Quando comemos bem, comemos menos. Precisamos apenas da metade dos alimentos que ingerimos diariamente. Para comer bem, devemos mastigar a comida cerca de cinqüenta vezes antes de engolir. Quando comemos bem devagar e transformamos o alimento que está na nossa boca numa pasta quase líquida, absorvemos muito mais os elementos nutritivos através do intestino. Quando comemos bem e mastigamos cuidadosamente a comida, nós nos nutrimos muito melhor do que quando comemos uma grande quantidade de alimentos mas não os digerimos adequadamente.

Comer é uma prática profunda. Quando como, aproveito cada porção da minha comida. Tenho consciência da comida, consciência do que estou comendo. Podemos praticar o comer consciente – saber o que estamos mastigando. Mastigar a comida com muito cuidado e alegria. De vez em quando, parar de mastigar e entrar em contato com os amigos, a família ou o sangha – a comunidade de praticantes – à nossa volta. Sentir que é maravilhoso estar sentados mastigando dessa maneira, sem nos preocuparmos com nada. Quando comemos conscientemente, não estamos ingerindo ou mastigando nossa raiva, ansiedade ou projetos. Estamos mastigando a comida que outras pessoas prepararam com amor, e isso, além de ser extremamente agradável, nos faz muito bem.

Quando o alimento na boca se torna quase liqüefeito, você sente seu sabor com mais intensidade e a comida adquire um melhor paladar. Experimente mastigar assim hoje. Permaneça consciente de cada movimento da sua boca. Você descobrirá que a comida tem um gosto delicioso. Pode ser apenas um pedaço de pão puro. Mas é delicioso. Talvez você possa tomar também um pouco de leite. Eu nunca bebo o leite. Eu mastigo o leite. Quando ponho na boca um pedaço de pão, fico mastigando conscientemente durante algum tempo e depois tomo uma colher de leite. Eu a coloco na boca e continuo a mastigar conscientemente. Você não sabe como pode ser delicioso mastigar um pouco de leite e um pedaço de pão.

Quando o alimento se torna líquido, misturado com a saliva, ele já está semidigerido, e quando chega ao estômago e ao intestino, a digestão se torna extremamente fácil. Grande parte dos nutrientes contidos no pão e no leite são absorvidos pelo corpo. Você adquire muita alegria e liberdade enquanto mastiga. Quando você come dessa maneira, ingere naturalmente uma quantidade menor de alimentos.

Ao se servir, tome cuidado com os olhos. Não confie neles. São os olhos que fazem com que você ponha comida demais no prato. Você não precisa comer tanto. Se aprender a comer com consciência e alegria, você se dará conta de que só precisa da metade do que seus olhos mandam você pegar. Por favor, tente. Uma combinação de alimentos bem simples, como abobrinha, cenoura, pão e leite, pode se transformar na melhor refeição da sua vida. É simplesmente maravilhoso.

Muitos de nós em Plum Village – nosso centro de prática na França – experimentamos essa maneira de comer e mastigar conscientemente, bem devagar. Tente comer desse modo. Vai ajudar seu corpo a se sentir muito melhor, o que será excelente para seu espírito e sua consciência.

Volto a dizer: nosso olho é maior do que a nossa barriga. Temos que fortalecer nossos olhos com a energia da mente consciente para saber exatamente de quanta comida precisamos. O termo chinês para a tigela de esmola usada pelos monges significa "o instrumento de medida adequada". Usamos esse tipo de tigela para evitar sermos enganados pelos nossos olhos. Se a comida chegar à parte de cima da tigela, sabemos que ela é suficiente. Só aceitamos essa quantidade de alimentos. Se você conseguir comer dessa maneira, comprará menos alimentos e assim poderá comprar alimentos cultivados organicamente, que são mais caros, incentivando os agricultores que fizeram a opção de cultivá-los.

O quinto treinamento da plena consciência

Todos precisamos de uma alimentação baseada na nossa disposição de amar e servir. Uma alimentação baseada na nossa inteligência. Os *Cinco Treinamentos da Plena Consciência* representam a maneira pela qual o mundo, e cada um de nós, pode escapar do sofrimento. Examinar profundamente o modo como consumimos é a prática do Quinto Treinamento da Plena Consciência. No Apêndice A você encontrará o texto completo.

Este treinamento da Plena Consciência está relacionado com a prática do consumo consciente, de seguir uma dieta capaz de nos libertar e libertar a nossa sociedade. Quando percebemos o sofrimento causado pelo consumo inconsciente, assumimos o seguinte compromisso:

"Comprometo-me a cultivar minha saúde física e mental, bem como a da minha família e da minha sociedade, comendo, bebendo e consumindo de um modo consciente. Prometo ingerir apenas alimentos que preservem a paz, o bem-estar e a alegria no meu corpo, na minha consciência e no corpo e na consciência da minha família e da sociedade. Proponho-me com determinação a não fazer uso do álcool, ou de qualquer outra substância tóxica, e a não ingerir alimentos ou absorver outros itens que contenham toxinas, como certos programas de televisão, revistas, livros, filmes e conversas."

Se você quer de fato cuidar da sua raiva, frustração e desespero, talvez considere a possibilidade de viver de acordo com esse treinamento da plena consciência. Se você ingerir bebidas alcoólicas conscientemente, talvez perceba que elas geram sofrimento. A ingestão do álcool causa doenças no corpo e na mente e provoca mortes na estrada. Comer e beber com plena consciência pode nos proporcionar uma compreensão libertadora.

Discuta uma estratégia de consumo consciente com as pessoas que você ama, com os membros da sua família, mesmo que sejam jovens. As crianças são capazes de entender esse problema, por isso devem participar das discussões. Juntos vocês podem tomar decisões a respeito do que comer e beber, dos programas de televisão a que devem assistir, do que vão ler e do tipo de conversas que vão ter. Essa estratégia visa a sua proteção.

Não podemos falar a respeito da raiva e de como lidar com ela sem prestar atenção a todas as coisas que consumimos. Converse com seu círculo mais próximo, procure estender a discussão para sua comunidade, se tiver chance envolva os meios de comunicação no debate a respeito de uma estratégia de consumo consciente. Em Plum Village, tentamos nos proteger da melhor maneira possível. Procuramos não consumir coisas que alimentam nossa raiva, frustração e medo. Para consumir de uma maneira mais consciente, precisamos discutir regularmente o que comemos, como comemos, o que fazer para comprar menos coisas e como ter alimentos de melhor qualidade, tanto os comestíveis quanto aquilo que consumimos através dos sentidos.

2

Apagando o Fogo da Raiva

Como salvar a sua casa

Quando alguém diz ou faz alguma coisa que nos deixa com raiva, nós sofremos. Temos a tendência de dizer ou fazer de volta alguma coisa que também provoque sofrimento na outra pessoa, na esperança de assim sofrermos menos. Pensamos: "Quero punir você, quero fazer você sofrer porque você me fez sofrer. E quando eu perceber que você está sofrendo bastante, eu me sentirei melhor."

São muitos os que acreditam nessa prática infantil. O que acontece é que, quando você faz o outro também sofrer, ele tentará sentir alívio fazendo você sofrer mais ainda. Cria-se assim um processo progressivo do sofrimento de ambas as partes. Na verdade, as duas pessoas necessitam de compaixão e ajuda. Nenhuma das duas precisa ser punida.

Quando você sentir raiva, volte-se para dentro de si mesmo e cuide dela o melhor que puder. E quando alguém fizer você sofrer, cuide do seu sofrimento e da sua raiva. Não diga nem faça nada. Qualquer coisa que você diga quando está com raiva pode causar ainda mais dano ao relacionamento.

No entanto, a maioria de nós não faz isso. Em vez de nos voltarmos para dentro de nós e cuidarmos da raiva, queremos ir atrás da outra pessoa para puni-la.

Se sua casa estiver pegando fogo, a coisa mais urgente que você tem a fazer é tentar apagar o incêndio e não correr atrás da pessoa que o provocou. Esta não seria uma atitude sábia. Da mesma maneira, quando você sente raiva, se continuar a discutir com a outra pessoa, se tentar puni-la, você estará agindo exatamente como aquele que corre atrás do criminoso enquanto as chamas estão devorando a casa dele.

Ferramentas para esfriar as chamas

O Buda nos deu instrumentos extremamente eficazes para apagar o fogo que arde dentro de nós: o método da respiração consciente, o método do andar consciente, o método de abraçar nossa raiva, o método de examinar profundamente a natureza das nossas percepções e o método de observar profundamente a outra pessoa para compreender que ela também sofre muito e precisa de ajuda. Esses métodos são muito práticos e procedem diretamente do Buda.

Inspirar conscientemente é saber que o ar está entrando no corpo e expirar conscientemente é saber que o corpo está permutando ar. Assim, você fica em contato com o ar e com o seu corpo, e como sua mente está atenta a tudo isso, você fica em contato com ela também. Basta apenas uma única respiração consciente para voltar a ter contato com você e com tudo em torno, e três respirações conscientes para manter esse contato.

Quando estiver andando de um lado para outro da sala, ou de um prédio para outro, permaneça consciente do contato dos seus pés com o solo e do contato do ar à medida que ele entra e sai do seu corpo. Procure descobrir o número de passos que você pode dar com conforto enquanto inspira e quantos você pode dar enquanto solta o ar dos pulmões. Enquanto inspirar, você pode dizer mentalmente "entrando", e quando expirar, "soltando". Desta forma você estará praticando a meditação sempre que andar e, com isso, poderá transformar a vida do dia-a-dia.

Não basta ler livros a respeito de diferentes tradições espirituais ou realizar seus rituais. O importante é praticar os ensinamentos dessas tradições, porque são eles que podem nos transformar, não importa a religião ou tradição espiritual a que pertencemos. Se você procurar praticar aquilo que estou lhe ensinando, deixará de ser um mar de fogo e se tornará um lago refrescante. Seu sofrimento vai diminuir e você se tornará uma fonte de alegria e felicidade para muitas pessoas à sua volta.

Qual a nossa aparência quando estamos com raiva?

Sempre que surgir a raiva, pegue um espelho e olhe para seu reflexo. Quando você sente raiva, centenas de músculos do seu rosto ficam muito tensos e você deixa de ser uma pessoa bonita. Sua face parece uma bomba prestes a explodir. Olhe para alguém que está com raiva. Quando nota a tensão nessa pessoa, você leva um susto. A bomba dentro dela pode explodir a qualquer minuto. Por isso, é muito útil olhar para nós mesmos nos momentos em que estamos com raiva. Este é o sino destinado a alertar a mente, pois, quando você se vê dessa maneira, sente vontade de fazer alguma coisa para se modificar. Você sabe o que precisa fazer para melhorar sua aparência. Não são necessários cosméticos, basta respirar profunda e tranqüilamente, relaxar e sorrir conscientemente. Se você conseguir fazer isso uma ou duas vezes, sua aparência ficará mais bonita. Olhe-se simplesmente no espelho, inspire com calma, solte o ar sorrindo e você sentirá um grande bem-estar.

Como já disse, a raiva é um fenômeno psicológico, mas está estreitamente ligada a elementos biológicos e bioquímicos.

Ela faz os músculos ficarem tensos, mas quando você sorri abertamente começa a relaxar e a raiva diminui. O sorriso permite que a energia da plena consciência nasça em você, deixando-o abraçar a raiva.

Antigamente, os servos dos reis e das rainhas sempre tinham consigo um espelho para verificarem sua aparência quando o monarca recebia um visitante. Experimente fazer isso. Carregue com você um espelho e mire-se nele para ver qual o seu estado. Depois de inspirar e expirar algumas vezes, sorrindo para si mesmo, a tensão será substituída pelo alívio.

Abraçando a raiva com a luz do sol da plena consciência

A raiva é como um bebê que grita, sofre e chora. Ele precisa que a mãe o abrace. Você é a mãe do seu bebê – a sua raiva. No momento em que começa a praticar a respiração consciente, você possui a energia de uma mãe para embalar e abraçar o bebê. Abraçar a raiva, inspirar e soltar o ar já é suficiente. O bebê sentirá um alívio imediato.

Todas as plantas são nutridas pela luz do sol, e todas são sensíveis a ela. Qualquer vegetação que é abraçada pela luz do sol passa por uma transformação. De manhã, as flores ainda não se abriram, mas, quando o sol aparece, sua luz abraça as flores e tenta penetrá-las. A luz do sol é formada por minúsculas partículas chamadas fótons. Estes penetram gradualmente na flor, um por um, até que muitos conseguem chegar do lado de dentro. A flor então deixa de resistir e se abre para a luz do sol.

Do mesmo modo, todas a formações mentais e fisiológicas existentes em nós são sensíveis à plena consciência. Se esta estiver presente, abraçando seu corpo, ele se transformará. Se a plena consciência estiver presente, abraçando sua raiva ou seu desespero, estes também serão transformados. De acordo com o Buda e segundo a nossa experiência, qualquer coisa que receba o abraço da plena consciência passará por uma transformação.

A raiva é como uma flor. No início, você pode não compreender a natureza da sua raiva ou por que ela se manifestou. Mas, se você souber como abraçá-la com a energia da plena consciência, ela começará a se abrir. Para gerar a energia da plena consciência e abraçar a raiva, você pode ficar na posição sentada, acompanhando mentalmente sua respiração, ou praticar a meditação andando e concentrando-se em cada passo. Depois de dez ou vinte minutos, a raiva terá se aberto para você e, de repente, você verá sua verdadeira natureza. Ela pode ter surgido apenas por causa de uma percepção errada ou da falta de habilidade de alguém que não tinha a intenção de lhe causar sofrimento.

Cozinhando a raiva

Para que a flor da raiva se abra, você precisa manter a plena consciência durante um certo período de tempo. É como quando se cozinha batatas: você coloca as batatas na panela, tampa a panela e a põe no fogo. Mesmo que a chama esteja muito alta, se você desligar o fogo passados cinco minutos, as batatas não estarão cozidas. Você precisa manter o fogo aceso pelo menos durante quinze ou vinte minutos para as batatas cozinharem. Depois disso, você destampa a panela e sente o delicioso aroma das batatas cozidas.

A raiva é assim. Ela precisa ser cozida. No início, ela está crua. Você não pode comer batatas cruas. É muito difícil gostar da raiva, mas, se você souber cuidar dela, souber cozinhá-la, a energia negativa da raiva se transformará na energia positiva do entendimento e da compaixão.

Você é capaz de fazer isso. Não é algo que somente um Grande Ser possa fazer. Você também pode. Você é capaz de transformar o lixo da raiva na flor da compaixão. Muitos conseguem fazer isso em apenas quinze minutos. O segredo é continuar a prática da respiração consciente, a prática do andar consciente, gerando a energia da plena consciência a fim de abraçar a raiva.

Abrace a raiva com bastante ternura. Ela não é sua inimiga, ela é seu bebê. Ela é como seu estômago ou seu pulmão. Quando tem algum problema no pulmão ou no estômago, você não pensa em jogar o órgão fora. O mesmo acontece com relação à raiva. Você a aceita porque sabe que pode cuidar dela. Você é capaz de transformá-la numa energia positiva.

Como transformar o lixo em flores

O jardineiro orgânico não pensa em jogar fora o lixo. Ele sabe que precisa do lixo, pois é capaz de transformá-lo em adubo composto, para que este possa novamente se transformar em alface, pepino, rabanete e flores. Ao praticar os ensinamentos, você é uma espécie de jardineiro, um jardineiro orgânico.

Tanto a raiva quanto o amor possuem uma natureza orgânica, o que significa que ambos podem mudar. O amor pode se transformar em ódio. Você sabe muito bem disso. Muitos de nós começamos os relacionamentos com um amor muito intenso. Tão intenso que acreditamos que não conseguiremos sobreviver sem nosso parceiro. No entanto, se não estivermos plenamente conscientes, um ou dois anos são suficientes para que o amor se transforme em ódio. Então, na presença do nosso parceiro, nós nos sentimos muito mal. Viver juntos se torna impossível, e a única saída passa a ser o divórcio. O amor se transformou em ódio, nossa flor virou lixo. Mas, com a energia da plena consciência, você pode olhar para o lixo e afirmar: "Não estou com medo. Sou capaz de transformar o lixo novamente em amor."

Se você enxergar em si mesmo os elementos do lixo, como o medo, o desespero e o ódio, não entre em pânico. Na qualidade de um bom jardineiro orgânico, de uma pessoa que pratica bem os ensinamentos, você tem condições de enfrentar essa situação: "Reconheço que existe lixo em mim. Vou transformar esse lixo num adubo composto capaz de fazer meu amor reaparecer."

Aqueles que têm confiança na prática da plena consciência não pensam em fugir de um relacionamento difícil. Quando você conhece e pratica as técnicas da respiração consciente, do andar consciente, do sentar consciente e do comer consciente, você consegue gerar a energia da plena consciência e abraçar sua raiva ou seu desespero. O simples fato de você acolhê-los e abraçá-los já lhe trará alívio. Depois, sem afrouxar o abraço, você pode se dedicar à prática de examinar profundamente a natureza da sua raiva.

A prática, portanto, encerra duas fases. A primeira envolve o abraçar e o reconhecer: "Minha querida raiva, sei que você está presente, estou cuidando muito bem de você." A segunda fase consiste em contemplar profundamente a natureza da sua raiva para ver como ela surgiu.

Cuidando do bebê, a raiva

Você precisa ser como a mãe que presta atenção ao choro do bebê. Se a mãe está trabalhando na cozinha e ouve o bebê chorar, ela pára qualquer coisa que esteja fazendo e corre para confortar seu filho. Ela pode estar preparando uma ótima sopa, mas nada é mais importante do que o sofrimento do bebê. O surgimento da mãe no quarto do bebê é como a luz do Sol, porque ela está repleta do calor do amor, do cuidado e da ternura. A primeira coisa que ela faz é pegar o bebê e abraçá-lo com carinho. Quando a mãe abraça o bebê, sua energia penetra nele e o acalma. É exatamente isso que você precisa aprender a fazer quando a raiva começar a se manifestar. Você tem que abandonar tudo que estiver fazendo, porque a tarefa mais importante que você tem diante de si é se voltar para dentro e tomar conta do seu bebê, a raiva. Nada é mais urgente do que cuidar bem do seu neném.

Você se lembra que, quando era criança e tinha febre, mesmo que lhe dessem aspirina ou algum outro remédio, você só se sentia melhor quando sua mãe punha a mão na sua testa escaldante? A sensação era tão boa! A mão dela parecia a mão de uma deusa. Quando ela o tocava, você sentia um grande frescor, amor e compaixão entrando no seu corpo. A mão da sua mãe é a sua própria mão. A mão dela ainda estará viva na sua se você souber como inspirar e expirar, se você ficar plenamente consciente. Depois, ao tocar sua testa com sua própria mão, você perceberá que a mão da sua mãe ainda está presente, tocando sua testa. Você receberá a mesma energia de amor e ternura.

A mãe segura de forma consciente o bebê, totalmente concentrada nele. O bebê sente um certo alívio porque está sendo abraçado com ternura pela mãe, como a flor que é envolvida pela luz do sol. Ela abraça o bebê não apenas porque o ama, mas também para descobrir o que há de errado com ele. Como ela é uma verdadeira mãe, extremamente talentosa, consegue descobrir rapidamente o problema do neném. Ela é especialista em bebês.

Na qualidade de praticantes dos ensinamentos, temos que ser especialistas em raiva. Temos que cuidar da nossa raiva e praticar até compreender a sua origem e o seu funcionamento.

Abraçando o bebê

Ao abraçar conscientemente o bebê, a mãe descobre a causa do sofrimento dele e fica muito mais fácil para ela corrigir a situação. Se o bebê está com febre, ela lhe dará um remédio para baixar a febre. Se estiver com fome, ela o alimentará, e se a fralda estiver molhada, ela a trocará.

Como praticantes, é exatamente isso que fazemos. Abraçamos conscientemente nosso bebê – a raiva – para obtermos alívio. Continuamos a praticar a respiração consciente e o andar consciente, como uma canção de ninar para a nossa raiva. A energia da plena consciência penetra na energia da raiva, exatamente como a energia da mãe penetra na energia do bebê. Não existe nenhuma diferença. Se você souber sorrir, praticar a respiração consciente e a meditação, concentrando-se nos seus passos, é certo que sentirá alívio em cinco, dez ou quinze minutos.

Descobrindo a verdadeira natureza da raiva

No momento em que você sente raiva, você tem a tendência de acreditar que seu sentimento foi criado por outra pessoa. Você culpa esta pessoa por todo o seu sofrimento. Mas, ao fazer um exame profundo, você talvez perceba que a semente da raiva que existe em você é a principal causa do seu sofrimento. Muitas outras pessoas, quando confrontadas com a mesma situação, não ficariam com a raiva com que você fica. Elas ouvem as mesmas palavras, presenciam a mesma situação, mas são capazes de permanecer mais calmas, sem se deixarem afetar tanto pelas circunstâncias. Por que você se enraivece com tanta facilidade? Talvez isso aconteça porque a semente da raiva é muito forte, e como você não praticou os métodos destinados a cuidar bem da raiva, a semente dela pode ter sido regada no passado com excessiva freqüência.

Todos temos uma semente da raiva nas profundezas da nossa consciência. No entanto, em alguns de nós, esta semente é maior do que nossas outras sementes – como a do amor e a da compaixão. A semente da raiva pode ser maior por não ter sido cuidada através da nossa prática no passado. Por isso, como já disse, quando começamos a cultivar a energia da plena consciência, a primeira coisa que percebemos com clareza é que a principal causa do nosso sofrimento, da nossa aflição, não é a outra pessoa, e sim a semente da raiva que existe em nós. Nesse momento, paramos de considerar a outra pessoa culpada do nosso sofrimento. Compreendemos que ela é apenas uma causa secundária.

Você sente um enorme alívio ao descobrir isso e começa a se sentir muito melhor. Mas a outra pessoa pode ainda estar sofrendo porque não aprendeu a cuidar da própria raiva. Quando isso acontece, está na hora de ajudar o outro.

Oferecendo ajuda em vez de punição

Quando não sabemos lidar com o nosso sofrimento, deixamos que ele se derrame sobre as pessoas que estão em volta. Quando você sofre, faz com que as pessoas ao seu redor também sofram. Isso é bastante natural. É por esse motivo que temos que aprender a lidar com o nosso sofrimento, para não o espalharmos em torno de nós.

Quando você é o chefe da família, por exemplo, você sabe que o bem-estar dos seus familiares é extremamente importante. Como você tem compaixão, não permite que seu sofrimento afete os que estão à sua volta. Você pratica e aprende a lidar com seu sofrimento porque sabe que nem ele nem sua felicidade são uma questão individual.

Quando você está com raiva e não quer lidar com ela, fica sem defesa, sofre, e também faz as pessoas à sua volta sofrerem. Sua primeira reação é achar que a pessoa que causou a raiva merece ser punida. Tem vontade de castigá-la porque ela fez você sofrer. Mas, depois de praticar durante dez ou quinze minutos a respiração, a meditação andando e o olhar consciente, você compreende que *ela precisa de ajuda e não de punição.* Esta é uma percepção justa.

Essa pessoa pode ser alguém muito próximo a você – sua esposa, seu marido, algum dos filhos. Se você não ajudá-la, quem o fará?

Depois então de acolher e abraçar a raiva, sentindo-se muito melhor, você nota que a outra pessoa continua a sofrer. Esta percepção gera em você um movimento em direção a ela, num grande desejo de ajudá-la. Trata-se de uma forma completamente diferente de pensar e de sentir, pois o desejo de punir simplesmente desapareceu. A raiva se transformou em compaixão.

A prática da plena consciência nos torna mais atentos e perspicazes. Esta capacidade de discernimento é fruto da prática que pode nos ajudar a perdoar e a amar. Num período de quinze minutos, ou de meia hora no máximo, a prática da plena consciência, da concentração e do discernimento é capaz de libertar você da raiva, enchendo seu ser de amor.

Interrompendo o ciclo da raiva

Um menino de doze anos costumava vir todo verão a Plum Village para praticar os ensinamentos com outros jovens. Ele tinha problemas com o pai, porque sempre que cometia um erro ou caía e se machucava, em vez de ajudá-lo, o pai gritava com ele e o agredia verbalmente: "Garoto idiota! Como pôde fazer uma coisa dessas com você mesmo?" Era impossível para o menino ver no pai um ser amoroso ou bondoso. Ele prometia a si mesmo que, quando crescesse e tivesse filhos, nunca trataria as crianças daquele jeito. Se seu filho estivesse brincando e se machucasse e sangrasse, ele o abraçaria e consolaria.

Na segunda vez que o menino veio a Plum Village, ele trouxe a irmã mais nova. Ao brincar com outras meninas, ela caiu, bateu com a cabeça numa pedra e o sangue começou a escorrer por seu rosto. De repente, o garoto sentiu a energia da raiva começando a se manifestar e viu-se prestes a gritar com a irmã, dizendo: "Que garota idiota! Como pôde fazer uma coisa dessas com você mesma?" Ele estava quase repetindo o que seu pai havia feito com ele. Mas como já praticara os ensinamentos em Plum Village durante dois verões, ele conseguiu parar a tempo. Em vez de gritar, começou a praticar o andar e a respiração conscientes, enquanto outras pessoas ajudavam sua irmã. Passados apenas cinco minutos, ele experimentou um momento de iluminação. Percebeu que a reação que tivera – a raiva – era uma espécie de energia do hábito que lhe havia sido transmitido pelo pai. O menino não queria tratar a irmã daquele jeito, mas a energia transmitida pelo pai era tão forte que ele quase fez exatamente a mesma coisa que o pai fazia com ele.

Para um menino de doze anos, foi um despertar e tanto. Ele continuou a andar e a respirar de forma consciente, sentindo um desejo intenso de prosseguir naquela prática para transformar a energia do hábito e não transmiti-la aos seus próprios filhos. Ele sabia que somente a prática da plena consciência poderia interromper esse ciclo de sofrimento.

O menino conseguiu perceber que o pai também era vítima da transmissão da raiva. O pai talvez não quisesse tratá-lo daquela maneira, mas a energia do hábito era forte demais, e o pai não tinha consciência disso. Ao compreender o que acontecia, toda a raiva que o menino sentia desapareceu e ele teve vontade de voltar para casa, conversar com o pai e convidá-lo para praticar com ele. Para um jovem de doze anos, esta foi uma percepção muito grande.

Um bom jardineiro

Quando você entende o sofrimento da outra pessoa, você é capaz de transformar seu desejo de punir, passando apenas a querer ajudá-la. Quando isso acontece, você sabe que sua prática teve êxito. Você é um bom jardineiro.

Dentro de cada um de nós existe um jardim, e cada praticante precisa voltar para dentro de si mesmo e cuidar dele. Talvez no passado você tenha se dado conta disso. Agora, então, precisa saber o que está acontecendo no seu jardim e procurar colocar tudo em ordem. Restaure a beleza e restabeleça a harmonia do seu jardim. Muitas pessoas se encantarão com seu jardim se ele for bem cuidado.

Cuidando de nós mesmos, cuidando dos outros

Quando éramos crianças, aprendemos a respirar, a andar, sentar, comer e falar. Fizemos tudo isso instintivamente, sem pensar. O que eu proponho agora é que tomemos consciência dos nossos atos para renascermos espiritualmente. Para isso, temos que aprender a respirar de novo, de um modo consciente. Aprender a andar de novo, conscientemente. Aprender a ouvir de novo, com consciência e compaixão. Aprender a falar de novo, com a linguagem do amor, para honrar nosso compromisso original. Dizer a nossa verdade, com respeito e suavidade, e acolher a do outro: "Meu amor, estou sofrendo. Estou com raiva. Quero que você saiba disso." Esta frase expressa a fidelidade ao nosso compromisso. "Meu amor, estou fazendo o melhor que posso. Estou cuidando da minha raiva. Para o meu bem e para o seu. Não quero explodir, destruir a mim e a você. Estou fazendo o melhor que posso." Esta lealdade provocará respeito e confiança na outra pessoa. E finalmente diremos: "Meu amor, preciso da sua ajuda." Esta é uma declaração muito poderosa, porque, quando estamos com raiva, geralmente temos a tendência de dizer: "Não preciso de você, não quero te ver pela frente."

Se você puder dizer as três frases anteriores com sinceridade, do fundo do coração, o outro passará por uma transformação. Não duvide dos efeitos dessa prática. Com o seu comportamento, você consegue influenciar a outra pessoa e incentivá-la a começar a praticar. Ela pensará e sentirá: "Meu parceiro está sendo fiel falando a verdade. Ele está de fato tentando fazer o melhor possível. Preciso fazer a mesma coisa."

Isso significa que, quando cuidamos bem de nós mesmos, estamos cuidando bem da pessoa que amamos. O amor por nós mesmos é a base da nossa capacidade de amar o outro. Se não cuidamos bem de nós mesmos, se não estamos felizes e tranqüilos, não podemos fazer a felicidade de mais ninguém. Não podemos ajudar nossos seres queridos, não podemos amá-los. Nossa capacidade de amar uma outra pessoa depende totalmente da nossa capacidade de amar e cuidar bem de nós mesmos.

Curando a ferida da criança interior

Muitos ainda têm viva dentro de si uma criança ferida. Nossos ferimentos podem ter sido causados pelo nosso pai ou nossa mãe. Eles repassaram o que sofreram quando crianças. Como não sabiam a forma de curar as feridas da infância, eles as transmitiram para nós. Se não soubermos como transformar e curar nossos próprios ferimentos, vamos transmiti-los para nossos filhos e netos. É por isso que temos que voltar à criança ferida que existe dentro de nós para ajudá-la a ficar curada.

Às vezes, essa criança precisa de toda a nossa atenção. Ela pode emergir das profundezas da nossa consciência pedindo atenção. Se você estiver consciente, ouvirá a voz dela pedindo ajuda. Quando isso acontece, é hora de desligar-se de tudo em torno e voltar-se para dentro, acolhendo e abraçando carinhosamente a criança ferida dentro de você. Respire conscientemente dizendo: "Ao inspirar o ar, volto-me para minha criança ferida; ao soltar o ar, cuido amorosamente da minha criança ferida."

Você precisa praticar e se voltar para a sua criança ferida todos os dias, abraçando-a com carinho, falando com ela. E você também pode escrever uma carta para ela dizendo que reconhece sua presença e fará tudo que estiver ao seu alcance para curar seus ferimentos.

Quando eu falo que é preciso ouvir com compaixão, talvez vocês pensem que se trata apenas de escutar uma outra pessoa. Mas também precisamos escutar a criança ferida dentro de nós, pois ela está continuamente conosco. E nós podemos curá-la a cada instante, neste exato instante. "Minha querida criança ferida, estou aqui do seu lado e desejo intensamente ouvir você. Por favor, conte-me tudo sobre seu sofrimento, descreva toda a sua dor. Estou aqui, estou realmente escutando." Se você conseguir fazer isso e ouvi-la dessa maneira durante cinco ou dez minutos todos os dias, a cura certamente acontecerá. Quando subir uma bela montanha, convide sua criança interior para acompanhar você. Quando contemplar a beleza de um pôr-do-sol, convide-a para compartilhá-lo com você. Se fizer isso durante algumas semanas ou meses, sua criança ferida ficará curada. A plena consciência é a energia que pode nos ajudar a realizar essa cura.

Como se tornar uma pessoa livre

Um minuto de prática é um minuto em que geramos a energia da plena consciência. Ela não vem de fora e sim de dentro de nós. *A energia da plena consciência é a energia que nos ajuda a estar totalmente presentes no aqui e agora.* Quando você toma chá com plena consciência, seu corpo e sua mente desfrutam uma perfeita união. Você é real e o chá que bebe também se torna real. Quando sua cabeça está cheia de projetos e preocupações, você não está realmente tomando seu café ou seu chá. Você está bebendo seus projetos e suas preocupações. Você não é real, nem o café ou o chá são verdadeiros. Seu chá ou seu café só podem se revelar como uma realidade total quando você se voltar para o seu eu e estiver plenamente presente, libertando-se do passado, do futuro e das preocupações. Quando você tem consciência de si e do seu momento presente, o chá também se torna real e o encontro entre você e o chá é real.

Existe a meditação do chá que oferece a você e seus amigos a oportunidade de se exercitarem na prática de estar realmente presentes, concentrando-se na xícara de chá e gozando plenamente tudo o que ela tem a oferecer – sabor, perfume, calor. Concentrando-se e usufruindo a companhia uns dos outros. A meditação do chá é uma prática destinada a nos libertar. Se você ainda sofre as limitações e perseguições do passado, se ainda tem medo do futuro, se se deixa levar pela ansiedade e pela raiva, você não é uma pessoa livre. Não está totalmente presente no aqui e agora, de modo que a vida não está disponível para você. O chá, a outra pessoa, o céu azul, a flor não estão à sua disposição. Para que você possa realmente viver, para que consiga tocar profundamente a vida, você precisa ser livre. *Cultivar a plena consciência ajuda você a se libertar.*

A energia da plena consciência é a energia de estar presente. Corpo e mente unidos. Quando pratica a respiração consciente ou o andar consciente, você se liberta do passado, do futuro, dos seus projetos, das suas preocupações, e passa a estar presente e a viver totalmente. A liberdade é a condição fundamental para você tocar a vida, tocar o azul do céu, as árvores, os pássaros, o chá e a outra pessoa. É por isso que a prática da plena consciência é tão importante. E não pense que você precisa treinar durante muitos meses para conseguir fazer. Uma hora de prática por dia ajuda a ser mais consciente. Exercite-se tomando conscientemente seu chá, seu café, saboreando o gosto, aspirando o perfume, sentindo na mão o calor da xícara, e, durante esse processo, transforme-se numa pessoa livre. Exercite-se para se tornar uma pessoa livre enquanto prepara o café da manhã, ao tomar banho, ao vestir-se. Quando andar pela rua, quando arrumar a casa. Ao acordar, em vez de deixar-se assaltar pelas preocupações, sinta e usufrua a maciez dos lençóis, perceba a claridade que entra pela janela. Qualquer momento do dia é uma oportunidade para você exercitar a plena consciência e gerar essa energia.

"Meu amor, sei que você está aqui e me sinto muito feliz"

Através da plena consciência, você é capaz de tomar profundo contato com o que existe no momento presente, inclusive com a pessoa que você ama. O fato de conseguir dizer ao seu ente querido "Meu amor, sei que você está aqui e me sinto muito feliz" demonstra que você é uma pessoa livre. Prova que você tem a mente atenta, que possui a capacidade de valorizar e apreciar o que está acontecendo no momento presente. O que acontece no *agora* é a vida que pulsa em seu ser e na pessoa que você ama, e que está viva, diante de você.

Quando você abraça a outra pessoa com a energia da plena consciência, olhando para ela e dizendo "Meu amor, acho maravilhoso você estar aqui ao meu lado. Isso me deixa muito feliz", isso causa a sua felicidade e a felicidade do outro, porque ele sente como é real o sentimento que você expressa. É diferente de abraçar automaticamente, dizendo palavras convencionais que não vêm da plena consciência da presença do outro e do valor dessa presença. Quando conseguimos estar plenamente com o outro, a possibilidade de ficarmos com raiva é muito menor. Quando se zangar ou sentir raiva, respire ou ande conscientemente durante dois minutos para se restabelecer no aqui e agora, para viver de novo. A outra pessoa pode estar dominada por preocupações, raiva e ansiedade, mas você pode salvá-la, e salvar-se, através da plena consciência.

3

A Linguagem do Verdadeiro Amor

Uma negociação de paz

Praticamos com nossa família e praticamos com os amigos que compartilham a nossa espiritualidade porque não é fácil alcançarmos sozinhos o sucesso. Precisamos de aliados. No passado, causamos sofrimento uns aos outros, empreendendo juntos a escalada da raiva. Agora queremos ser aliados para cuidar bem da nossa tristeza, raiva e frustração. Queremos negociar uma estratégia de paz.

Inicie uma negociação de paz com a pessoa que você ama: "Meu amor, causamos muito sofrimento um ao outro no passado. Ambos fomos vítimas da nossa raiva. Criamos um inferno mútuo. Agora, eu quero mudar. Quero que nos tornemos aliados, para que possamos proteger um ao outro, praticar os ensinamentos e transformar nossa raiva juntos. Vamos construir uma vida melhor a partir de agora, baseada na prática da plena consciência. Meu amor, preciso da sua ajuda. Necessito do seu apoio. Preciso da sua colaboração. Não posso ter êxito sem você." Diga essas palavras para seu parceiro, seu filho, sua filha, seus pais, seus irmãos, seus amigos. Está na hora de tomar essa atitude, pois ela representa o despertar e o amor.

Você pode alcançar um pouco de iluminação escutando durante cinco minutos uma palestra sobre o darma. Mas é indispensável manter essa iluminação na vida cotidiana, levando-a para casa e aplicando-a no seu dia-a-dia. À medida que a iluminação cresce em você, a confusão e a ignorância têm que se retirar. A iluminação influenciará seu pensamento, seu corpo e seu modo de viver. Por isso, é extremamente importante que você se volte para a pessoa que você ama e negocie uma estratégia de paz, uma estratégia de consumo, uma estratégia de proteção. Para ter sucesso nessa negociação, e para que os dois parem de causar sofrimento um ao outro, você precisa usar o que tem de melhor: seu talento, suas habilidades. Você quer recomeçar, você deseja se transformar. Cabe a você convencer a outra pessoa.

Restabelecendo a comunicação

Conheço um jovem americano que não falava com o pai havia cinco anos. A conversa entre os dois tornara-se totalmente impossível. Certo dia, o jovem entrou em contato com o darma e este exerceu um forte impacto sobre o rapaz. Ele quis começar tudo de novo, mudar de vida. Assim, decidiu se tornar monge. Desde o dia em que veio para o nosso centro, ele praticou a respiração e o consumo consciente, a meditação andando, a meditação sentada, e participou de todas as atividades do sangha.

Graças a esse tipo de vida, no qual fez as pazes consigo mesmo, ele foi capaz de escrever todas as semanas para o pai. Sem esperar receber nenhuma resposta, descreveu sua prática e as pequenas alegrias que experimentava todos os dias. Seis meses depois, pegou o telefone e inspirou e expirou conscientemente, o que o ajudou a permanecer calmo. Discou o número e o pai atendeu. Ele sabia que o filho havia se tornado monge e estava muito zangado por causa disso, de modo que a primeira coisa que disse foi: "Você ainda está com aquele grupo? Você ainda é um monge? Que futuro você tem pela frente?" O jovem respondeu: "Meu pai, meu maior desejo no momento é estabelecer um bom relacionamento entre nós. Isso me faria muito feliz. É o que há de mais importante para mim no momento. Ser capaz de me comunicar com você para que possamos nos aproximar de novo é minha única preocupação. Isso é mais importante para mim do que qualquer outra coisa, inclusive o meu futuro."

O pai permaneceu em silêncio durante um longo tempo. O jovem monge apenas continuou a acompanhar a própria respiração. Finalmente, o pai disse: "Tudo bem, eu concordo. Isso também é importante para mim." A raiva, portanto, não era a única coisa que o pai sentia pelo filho. Em muitas das cartas, o rapaz escrevera a respeito das boas lembranças e de tudo o que percebia de positivo no pai. A partir daquele dia, o pai passou a telefonar para ele todas as semanas. A comunicação foi restabelecida, e a felicidade do pai e do filho se tornou uma realidade.

A paz começa com você

Como já disse, antes de fazer profundas modificações na nossa vida, temos que examinar nossa alimentação, nosso modo de consumir. Temos que parar de consumir as coisas que nos envenenam e intoxicam. Essa prática ajudará para que o melhor em nós venha à tona e deixemos de ser vítimas da raiva ou da frustração.

Vale a pena repetir que *tudo é possível quando a porta da comunicação está aberta.* Precisamos nos dedicar à prática de abrir e restabelecer a comunicação. Expresse sua disposição, seu desejo de fazer as pazes com a outra pessoa. Peça a ela que lhe dê apoio. Diga a ela, como fez o jovem com o pai: "A comunicação entre nós é a coisa mais importante para mim.

Nosso relacionamento é o que há de mais precioso para mim, nada é mais importante." Deixe isso bem claro e peça apoio.

Comece a negociar uma estratégia, fazendo tudo o que estiver ao seu alcance. Dê o máximo de si. Não espere. Não apresente condições, dizendo: "Se você não fizer um esforço para que nos reconciliemos, eu também não farei." Isso não funciona. A paz, a reconciliação e a felicidade começam com você.

É errado pensar que, se a outra pessoa não mudar nem melhorar, nada pode ser modificado. Existem sempre maneiras de criar mais alegria, paz e harmonia, e você tem acesso a elas. A maneira como você anda, respira, sorri, o modo como reage, tudo é muito importante. Você precisa começar a fazer isso.

Existem muitas maneiras de se comunicar, e a melhor delas é demonstrando que você não guarda nenhum sentimento de raiva ou reprovação. Você mostra que entende e aceita a outra pessoa, e transmite isso a ela não apenas através de palavras, mas também com o seu jeito de ser – com os olhos cheios de compaixão e as ações repletas de ternura. O fato de você ser uma pessoa renovada e de sua companhia ter se tornado agradável já muda muita coisa. Todos começam a sentir desejo de se aproximar de você. Você se torna uma árvore cuja sombra é fresca, um riacho de água cristalina. As pessoas terão vontade de se aproximar porque sua presença é estimulante e agradável. Quando você começa a mudar, torna-se capaz de restabelecer a comunicação, e a outra pessoa naturalmente se modifica.

Um tratado de paz

Dizemos à pessoa que amamos: "Meu amor, causamos muito sofrimento um ao outro no passado porque nenhum de nós dois era capaz de lidar com a raiva. Agora temos que criar uma estratégia para cuidar bem da nossa raiva."

O darma é capaz de remover o calor da raiva e a febre do sofrimento. Ele é uma sabedoria que consegue trazer paz e alegria para o aqui e agora. Nossa estratégia de paz e reconciliação deve se basear nesse conhecimento.

Quando a energia da raiva vem à tona, é comum querermos expressá-la para punir a pessoa que julgamos ser a causa do nosso sofrimento. Esta é a energia do hábito que existe dentro de nós. Quando sofremos, sempre culpamos o outro por nos ter feito sofrer. Não compreendemos que, em primeiro lugar, a raiva é problema nosso. Somos basicamente responsáveis por ela, mas ingenuamente acreditamos que sofreremos menos se pudermos dizer ou fazer alguma coisa para punir a outra pessoa. Este tipo de crença deve ser afastado, porque tudo que dizemos ou fazemos quando estamos com raiva só causa mais danos ao relacionamento. Em vez disso, devemos tentar não fazer ou dizer nada quando estamos zangados.

Quando você fala alguma coisa realmente desagradável, quando você diz algo para revidar, sua raiva aumenta. Você causa sofrimento à outra pessoa e ela provavelmente dirá ou fará alguma coisa para se ver livre do sofrimento. E assim o conflito vai ficando cada vez mais intenso. Como isso aconteceu tantas vezes no passado, você conhece bem esse aumento da raiva e do sofrimento, mas ainda não aprendeu nada com eles. Tentar punir a outra pessoa só vai piorar a situação.

Castigar a outra pessoa é autopunição. Este fato é verdadeiro em todas as circunstâncias. Toda vez que os Estados Unidos tentam punir o Iraque, não apenas o Iraque sofre, mas os Estados Unidos também. Isso também acontece entre judeus e palestinos, muçulmanos e hindus, entre você e a outra pessoa. Sempre foi assim. Vamos então despertar e nos tornar conscientes de que castigar o outro não é uma estratégia inteligente. Use sua inteligênci, e converse com a outra pessoa para chegarem a um acordo sobre uma estratégia comum destinada a cuidar da raiva. Tornem-se ambos conscientes de que punir um ao outro não resolve nada, e prometam um ao outro que, cada vez que ficarem zangados, vocês não dirão nem farão nada motivados pela raiva. Em vez disso, cuidarão da raiva, voltando-se para dentro de si mesmos – praticando a respiração e o andar consciente.

Aproveitem os momentos em que estiverem felizes juntos para assinar o contrato, o tratado de paz, que é um tratado de amor verdadeiro. Esse tratado de paz deve ser redigido e assinado com base no amor, e não como um tratado de paz assinado por partidos políticos. Estes fundamentam seus acordos apenas nos interesses de cada país, mas ainda estão repletos de desconfiança e de raiva. *O seu tratado de paz deve ser um tratado de puro amor.*

Abraçando a raiva

O Buda nunca nos aconselhou a reprimir a raiva. Ele nos ensinou a nos voltarmos para dentro de nós mesmos e cuidarmos bem dela. Quando existe algo fisicamente errado conosco, com nosso intestino, estômago ou fígado, temos que parar e cuidar deles. Fazemos tudo o que é possível para corrigir o problema, mas não o desconhecemos.

Assim como nossos órgãos, nossa raiva faz parte de nós. Quando estamos zangados, temos que nos voltar para nós mesmos e cuidar bem da nossa raiva. Não podemos dizer: "Vá embora raiva, você tem que ir. Não quero você." Precisamos reconhecê-la, abraçá-la e sorrir. A energia que nos ajuda a fazer essas coisas é a da mente alerta, a do andar e respirar com plena consciência.

A felicidade não é uma questão individual

Não é preciso que você oculte a sua raiva. Você tem que deixar a outra pessoa saber que você está sentindo raiva e que está sofrendo. Isso é muito importante. Quando você se zangar com alguém, por favor, não finja que não está sentindo raiva. Não finja que não está sofrendo. Se você ama a outra pessoa, confesse que está com raiva e que está sofrendo. Mas diga isso a ela quando puder fazê-lo de um jeito calmo.

No verdadeiro amor, não existe orgulho. Você não pode fingir que não está sofrendo ou que não está sentindo raiva, porque esse tipo de negação se baseia no orgulho. "Com raiva? Eu? Por que eu sentiria raiva? Eu estou muito bem." Mas na verdade você não está bem. Você está no inferno. Quando a raiva nos está consumindo, precisamos dizer isso ao nosso companheiro, ao nosso filho ou filha. Sentimos muitas vezes vontade de dizer: "Não preciso de você para ser feliz!" Além de não ser verdade, esta frase é uma traição da promessa que fizemos ao nosso cônjuge e aos nossos filhos de compartilhar todas as coisas.

No início vocês disseram um ao outro: "Não posso viver sem você. Minha felicidade depende de você." É possível que, com o desgaste, o amor acabe. Mas quando o amor permanece, e apesar disso o outro fez algo que provocou raiva, você é capaz de afirmar coisas como: "Não preciso de você. Não chegue perto de mim! Não me toque!" Você vai para seu quarto e tranca a porta, querendo demonstrar que não precisa da outra pessoa. Esta é uma tendência muito humana e comum. Mas não é sábia. A felicidade não é uma questão individual. Se um de vocês não está feliz, é impossível que o outro esteja.

1. "Meu amor, estou com raiva, estou sofrendo"

Dizer "Meu amor, eu amo você" é bom e é importante. É natural que compartilhemos nossas alegrias e sentimentos positivos com a pessoa que amamos. Mas é também preciso deixar que ela saiba quando você estiver sofrendo e sentindo raiva dela. Você tem que expressar seus sentimentos. É um direito seu. Este é o verdadeiro amor. "Meu amor, estou com raiva de você. Estou sofrendo." Espere até poder dizer o mais tranqüilamente possível esta frase. Sua voz talvez esteja um pouco triste, o que é aceitável. Apenas não diga uma única palavra se a intenção for punir ou culpar o outro. "Meu bem, estou com raiva, estou sofrendo e quero que você saiba disso." Esta é a linguagem do amor, porque vocês prometeram apoiar um ao outro, como companheiros, como marido e mulher, como pai e filho, mãe e filha. Por isso, insisto: *expresse o que está sentindo, não para punir ou acusar, mas para construir.*

Você não tem apenas o direito de dizer à outra pessoa que está sofrendo, tem também o dever. Quando estiver feliz, compartilhe com o outro sua felicidade. Quando estiver sofrendo, converse com a pessoa querida sobre seu sofrimento. Mesmo que você ache que a raiva que está sentindo foi criada por ela, você precisa manter seu compromisso. Espere um momento de maior calma, conquistado com a respiração e o andar conscientes, e descreva para ela seus sentimentos. Use palavras carinhosas. Esta é a única condição.

Faça isso o mais rápido possível. Não guarde a raiva e o sofrimento dentro de você por mais de vinte e quatro horas, caso contrário eles se tornam excessivos e podem envenenar você, comprometendo a possibilidade de um bom entendimento. Assim, converse com quem lhe causou a raiva e o sofrimento o mais breve possível. Vinte e quatro horas é o prazo máximo.

Você pode achar que não é capaz de contar à outra pessoa o que está sentindo porque ainda não adquiriu a calma necessária. Você ainda sente muita raiva. Pratique então ao ar livre a respiração e o andar conscientes. Depois, quando tiver atingido uma tranqüilidade maior e se preparado o suficiente, pode falar. No entanto, se o prazo final se aproximar, e você não tiver atingido a calma que deseja, ponha por escrito o que está sentindo. Escreva um bilhete de paz, uma mensagem de paz. Envie a carta para a pessoa que você ama e tome providências para que ela a receba antes que o prazo de vinte e quatro horas tenha se esgotado. Isso é extremamente importante. Prometam agir dessa maneira quando ficarem com raiva um do outro. Caso contrário, vocês não estarão respeitando os termos do seu tratado de paz.

2. "Estou fazendo o melhor que posso"

Quando for transmitir o que está sentindo, você pode acrescentar outra frase: "Estou fazendo o melhor que eu posso." Esta frase significa que você está evitando agir a partir da raiva. Significa que você está praticando a respiração e o andar conscientes para acolher e abraçar a raiva com plena consciência. Nunca diga "Estou fazendo o melhor que posso", a não ser que esteja mesmo se dedicando à prática. Se a frase for sincera, ela despertará a confiança e o respeito na outra pessoa. "Estou fazendo o melhor que eu posso" significa que você está está de fato se voltando para dentro de si e procurando cuidar bem da sua raiva.

Enquanto você abraça a raiva, você procura examinar profundamente a natureza dela. Talvez você tenha sido vítima de uma percepção errada. Talvez tenha interpretado mal o que ouviu e o que viu. A raiva pode nascer dessa ignorância e de percepções erradas. Ao dizer "Estou fazendo o melhor que posso", é bom estar consciente de que no passado você se irritou muitas vezes por ter percebido erradamente ou interpretado mal o que estava acontecendo. Isso lhe ensinou a usar de extrema cautela. Você se lembra que não deve ter tanta certeza de ser vítima do que considera como as más ações da outra pessoa. Você pode ter criado o inferno dentro de você.

3. "Por favor, me ajude"

A terceira frase vem naturalmente. "Por favor, me ajude. Meu amor, eu preciso de você." Esta é a linguagem do verdadeiro amor. Quando você se zanga com a outra pessoa, sua tendência é dizer o oposto: "Não me toque! Não preciso de você. Eu consigo me virar perfeitamente sem você!" Mas vocês assumiram o compromisso de cuidar bem um do outro. Por isso, é muito natural que, além da prática da plena consciência, você ainda precise da ajuda da outra pessoa. "Meu bem, eu preciso da sua ajuda. Por favor, me ajude."

Se você é capaz de escrever ou dizer essas três frases, é capaz de sentir o verdadeiro amor. Você está usando a autêntica linguagem do amor. "Meu amor, estou sofrendo e quero que você saiba disso. Meu bem, estou fazendo o melhor que eu posso. Estou tentando não culpar ninguém, inclusive você. Como estamos tão próximos um do outro, como assumimos um compromisso um com o outro, sinto que preciso do seu apoio e da sua ajuda para sair desse estado de sofrimento, de raiva." Usar as três frases para se comunicar com a outra pessoa pode rapidamente fazer com que ela se sinta aliviada e tranqüila. Essa maneira de lidar com a raiva despertará uma grande dose de confiança e respeito tanto na outra pessoa quanto em você. Não é muito difícil fazer isso.

Transformando totalmente a raiva

Se eu fosse a outra pessoa e você me dissesse essas três frases, eu perceberia que você é fiel a mim, que seu amor por mim é verdadeiro. Não é apenas quando estamos felizes que devemos compartilhar nossa felicidade; quando sofremos, devemos dividir nossa tristeza. Quando você me diz que está fazendo o melhor que pode, sinto-me confiante e acabo também fazendo o melhor que posso. Eu me volto para dentro de mim mesmo e para a prática. Se quero merecer você, tenho que me examinar profundamente e também fazer o melhor possível. Preciso me perguntar: "O que eu disse, o que eu fiz para levar essa pessoa a sofrer assim? Por que eu fiz isso?" Ao ouvir suas palavras, ao ler o Bilhete de Paz que você me entregou, eu consigo me recuperar e encontrar dentro de mim a energia da plena consciência. Eu direi ao ser amado: "Meu amor, eu também estou fazendo o melhor que posso."

É maravilhoso: vocês dois estão praticando. Não existe mais perigo. Vocês se voltaram para si mesmos, dedicaram-se à prática do exame profundo para compreenderem verdadeiramente a situação. Se, durante esse tempo, um de vocês conseguir perceber o que realmente está acontecendo, terá que contar imediatamente ao outro o que descobriu.

Se você tomar consciência de que se zangou por causa de uma percepção errada, transmita isso à outra pessoa. Você precisa deixar que ela saiba que você tem pena de ter sentido raiva sem nenhum motivo. Ela não fez nada errado. Você se irritou porque interpretou mal a situação. Telefone logo para ela, passe um fax, mande um e-mail, porque ela ainda está muito abalada com o seu sofrimento. Quando você contar o que houve, ela sentirá um alívio imediato.

Quando você admite que se enganou, ajuda a outra pessoa a perceber que ela também disse ou fez alguma coisa por estar irritada ou por causa de uma percepção errada. Ela então compartilha com você essa descoberta. "Meu bem, no outro dia eu entendi mal as coisas. Fiz algo desagradável e percebo que isso aconteceu porque cedi à impulsividade e não parei para pensar. Não tive a intenção de fazer você sofrer. Peço desculpas e prometo que da próxima vez procurarei agir com mais serenidade e serei mais consciente." Qualquer um que receba essa mensagem pára de sofrer e, no fundo do coração, sente um grande respeito pela outra pessoa, o que contribui para o crescimento do amor e do companheirismo.

O hóspede especial

De acordo com a tradição vietnamita, marido e mulher devem tratar um ao outro como hóspedes. O grande respeito mútuo se traduz em comportamentos: eles não trocam de roupa na frente um do outro e se comportam com reverência. Cada cultura tem suas formas de manifestar o respeito, mas o importante é saber que, se o respeito pela outra pessoa não está mais presente, o verdadeiro amor não pode durar muito. A raiva e outras energias negativas começam a se tornar dominantes.

Nas cerimônias de casamento realizadas em Plum Village, nosso centro de retiro na França, os noivos se curvam um diante do outro, para demonstrar amor e respeito. Isso acontece porque cada pessoa possui dentro de si a natureza do Buda – a capacidade de alcançar a iluminação, de desenvolver uma grande compaixão e um grande entendimento. Se você não tem mais nenhum respeito pela outra pessoa, o amor está morto. Por isso é necessário ter o maior cuidado para alimentar e sustentar o respeito mútuo.

Usar as três frases do amor verdadeiro e fazer um exame profundo para aceitar nossa responsabilidade no conflito é uma maneira bastante concreta de expressar respeito e alimentar o amor. Não subestimem as três frases do verdadeiro amor.

Um seixo no bolso

Talvez vocês queiram escrever as três frases num pedaço de papel e colocá-lo na carteira. Venerem esse pedaço de papel como algo que pode salvar vocês, porque ele os fará lembrar do compromisso que assumiram um com o outro.

Algumas pessoas guardam no bolso um belo seixo para se lembrarem desses ensinamentos. Todas as vezes que colocam a mão no bolso e tocam a pequena pedra, praticam a respiração e o andar conscientes e se sentem muito tranqüilas. Quando surge a raiva, a pedra as faz lembrar das três frases. O simples fato de segurar a pedra e inalar e exalar o ar sorrindo e com calma pode ser de grande ajuda. A prática pode parecer um pouco infantil, mas é extremamente útil. Quando estamos envolvidos no turbilhão do cotidiano, muitas vezes nos esquecemos de praticar aquilo que nos pode ajudar muito. Assim, a pequena pedra no seu bolso atua como mestre, como companheira de prática – é um sino de consciência que permite que você faça uma pausa e retorne à respiração.

A pedra é um lembrete de que seu mestre está sempre com você, que seus irmãos e irmãs no darma estão sempre ao seu lado. Ela servirá de ajuda para que o amor nasça em você e se mantenha vivo dentro de você. Ela pode ajudar a manter viva a iluminação em você.

4
A Transformação

Zonas de energia

Vamos retomar alguns ensinamentos para absorvê-los melhor. Já disse que quando sentimos muita raiva, devemos nos abster de reagir, ou seja, de falar ou fazer qualquer coisa. Dizer ou fazer alguma coisa enquanto estamos com raiva não é uma atitude sábia. Repito: a primeira atitude é nos voltar para dentro de nós a fim de cuidar bem da nossa raiva.

A raiva é uma zona de energia dentro de nós. É uma parte nossa que está sofrendo e que precisa dos nossos cuidados. A melhor maneira de fazer isso é gerar outra zona de energia capaz de abraçar e cuidar da nossa raiva. A segunda zona de energia é a energia da plena consciência gerada através da respiração e do andar conscientes. Todos somos capazes de gerar a energia da plena consciência.

Plena consciência é sinônimo de mente alerta. Significa estar presente, saber o que está acontecendo, tomar a rédea de nossos sentimentos, em vez de nos deixarmos arrastar por eles. A energia da plena consciência é como a irmã ou irmão mais velho, ou a mãe que segura nos braços o filho, cuidando bem do bebê que está sofrendo, que é a nossa raiva, desespero ou ciúme.

A Zona de Energia Um é a raiva e a Zona de Energia Dois é a plena consciência. A prática consiste em usar a energia da plena consciência para reconhecer e abraçar a energia da raiva. Você tem que fazer isso com ternura, sem violência. Repito: não se trata de reprimir a raiva. A plena consciência é você e a raiva também é, de modo que você não deve se transformar num campo de batalha, em que um lado combate o outro. Você não deve acreditar que a plena consciência é boa e correta, enquanto a raiva é má e errada. Você só precisa reconhecer que a raiva é uma energia negativa e que a plena consciência é uma energia positiva. Depois, você pode usar a energia positiva para cuidar da negativa. Não se trata de combate, mas de cuidado.

Sentimentos orgânicos

Tanto os nossos sentimentos negativos quanto os positivos pertencem à mesma realidade. Por isso não há necessidade de lutar. Precisamos somente abraçar e cuidar. Na tradição budista, *meditar não significa tornar-se um campo de batalha, com o bem combatendo o mal.* Esta noção é muito importante. Você pode pensar que precisa combater o mal e expulsá-lo do seu coração e da sua mente. Mas esta é uma idéia errada. A prática consiste em *transformar.* Se não existir o lixo, não temos nada com que fabricar o adubo. E, se não possuímos o adubo, não temos como nutrir a flor que existe em nós. Você precisa do sofrimento e dos problemas. Como eles são orgânicos, você sabe que pode transformá-los e usá-los da maneira adequada.

Compreendendo a interexistência

Nosso método de prática deve ser não-violento. A não-violência só pode nascer da compreensão de que não há dualidade, que tudo está interligado e que nada pode existir isoladamente. Praticar a violência contra outras pessoas é praticá-la contra nós mesmos. Se não compreendermos isso, seremos tentados a usar a violência e teremos vontade de punir, reprimir e destruir. Mas quando percebemos profundamente que tudo o que existe é uma só realidade, sorrimos tanto para a flor quanto para o lixo que existe em nós e abraçamos os dois. Esta percepção é a base para a ação não-violenta.

Quando vem esta compreensão, você cuida do seu corpo e dos seus sentimentos da maneira menos violenta possível. Você cuida do seu irmão, irmã, pai, mãe, da sua comunidade e da sua sociedade, com extrema ternura. Nenhuma violência pode ser gerada por esse tipo de atitude. Você não vai encarar mais ninguém como seu inimigo depois de ter compreendido a ligação entre todos os seres humanos.

Precisamos tratar nossa raiva e desespero com ternura. A raiva tem suas origens em elementos não-raivosos. Tem raízes na forma como vivemos a vida do dia-a-dia. Se cuidarmos bem de tudo que existe em nós, sem discriminar nada, evitamos que nossas energias negativas assumam o comando. Reduzimos a força das nossas sementes negativas para que elas não nos esmaguem.

Expressando sabiamente a raiva

Retomando o que dissemos: quando a raiva se manifesta em nós, precisamos reconhecer e aceitar o fato de que ela está presente e precisamos cuidar dela. Nesse momento, somos aconselhados a não dizer nem fazer nada a partir da raiva. Imediatamente nos voltamos para dentro de nós e convidamos a energia da plena consciência a se manifestar para podermos abraçar, reconhecer e cuidar bem da nossa raiva.

Somos também aconselhados a dizer à outra pessoa que estamos com raiva, que estamos sofrendo, usando as três frases preciosas, porque assumimos um compromisso com nosso parceiro de dizer as coisas boas e as negativas. Este tipo de linguagem, esta espécie de comunicação, inspirará respeito e motivará a outra pessoa a rever suas ações e, tal como você, a praticar a plena consciência.

Lembre-se de que você precisa dizer à outra pessoa o que está sentindo num prazo de vinte e quatro horas, diretamente ou por escrito. O Buda afirmou que o monge tem o direito de ficar com raiva, mas no máximo por uma noite. No momento em que disser as frases para a pessoa que lhe causou o sofrimento ou lhe entregar o bilhete, você já sentirá algum alívio.

Um compromisso na sexta-feira à noite

Se você se comunicar por escrito, talvez possa acrescentar alguma coisa às três frases no seu bilhete de paz: "Vamos nos encontrar sexta-feira à noite e fazer juntos um exame profundo." Você pode fazer essa sugestão numa segunda ou terça-feira, para ainda poder praticar por três ou quatro dias. Durante este período, vocês dois terão a chance de olhar para trás e compreender melhor o que causou o conflito. Vocês podem se reunir em qualquer ocasião, mas a noite de sexta-feira é mais adequada porque, se vocês conseguirem se reconciliar, se conseguirem se harmonizar, passarão juntos um fim de semana maravilhoso.

Enquanto a noite de sexta-feira não chega, você pratica a respiração consciente e faz um exame profundo para compreender as raízes da sua raiva. Quando estiver dirigindo, caminhando, cozinhando ou tomando banho, continue a abraçar a raiva com plena consciência. Ao fazer isso, você consegue entender a natureza da sua raiva. Você descobre que a principal causa do seu sofrimento é a semente da raiva em você, porque ela foi regada com excessiva freqüência por você e pelas outras pessoas.

A raiva existe em nós sob a forma de uma semente, mas as

sementes do amor e da compaixão também estão presentes. Existem muitas sementes negativas e positivas na nossa consciência. Ao praticar a respiração e o andar conscientes e ao meditar, estamos identificando e regando as sementes positivas e evitando regar as negativas. Esta é a prática do amor.

O regar seletivo

Converse com as pessoas que você ama sobre essas sementes positivas e negativas. Depois, diga: "Meu amor, se você realmente me ama, por favor procure não regar minhas sementes negativas. Por favor, não regue as sementes da raiva, da intolerância, da irritação e do desespero que existem em mim. E prometo não regar essas sementes em você. Sei que você também possui sementes negativas e terei muito cuidado para não regá-las, porque sei que, se eu fizer isso, você ficará muito infeliz e eu também sofrerei. Farei o máximo de esforço para regar apenas suas sementes positivas – as sementes do amor, da compaixão e da compreensão."

Em Plum Village, nós chamamos essa prática de "regar seletivo". Se você se zanga com muita facilidade, é porque a semente da sua raiva vem sendo regada freqüentemente durante muitos anos. Você permitiu que ela fosse regada. Você não fez um contrato com as pessoas ao seu redor, comprometendo-se a regar apenas as boas sementes. Você deixou de se proteger, e com isso deixou de proteger aqueles que você ama.

Quando abraçamos a raiva e cuidamos bem dela, nós nos sentimos aliviados. Podemos examiná-la de novo, em profundidade, e conseguir compreender muitas coisas. A primeira pode ser o fato de que a semente da raiva em nós cresceu demais e tornou-se a principal causa da nossa infelicidade. Quando percebemos isso, compreendemos que a outra pessoa é apenas uma causa secundária. Ela não é o motivo principal da raiva que sentimos.

Se continuarmos a fazer esse exame profundo, notaremos que a outra pessoa está sofrendo muito. Alguém que sofre muito faz as pessoas ao seu redor também sofrerem. Ela não sabe lidar com o próprio sofrimento, não sabe como abraçá-lo e transformá-lo. Por isso, seu sofrimento continua a crescer. No passado, por várias razões, não ajudamos essa pessoa. Não praticamos o regar seletivo. Se tivéssemos regado diariamente suas sementes positivas, ela seria uma pessoa diferente.

A prática do regar seletivo é extremamente eficaz. Uma única hora de prática pode fazer uma grande diferença. O fato de regarmos a semente da outra pessoa durante uma hora pode fazer com que ela comece a desabrochar. Isso não é tão difícil de fazer.

Regando a flor

Há alguns anos, um casal de Bordeaux veio a Plum Village para assistir a uma palestra sobre o darma. Estávamos celebrando o aniversário do Buda e eu falei sobre o regar seletivo. Notei que a mulher chorava em silêncio durante a palestra e, por isso, mais tarde, aproximei-me do marido e disse: "A semente de sua mulher precisa ser regada." Ele entendeu imediatamente o que eu quis dizer e, no caminho de casa, começou a regar as sementes positivas da mulher, dizendolhe palavras amorosas e falando do que ela significava em sua vida. O percurso durou apenas uma hora e dez minutos. Quando chegaram em casa, os filhos ficaram muito surpresos ao ver a mãe tão animada e feliz, porque fazia muito tempo que ela não se comportava daquela maneira.

Essa mulher tinha dentro dela muitas sementes maravilhosas, mas o marido não as havia reconhecido nem regado.

Ele só havia regado as sementes negativas, porque não se dedicava à prática dos ensinamentos. Ele não era incapaz de regar as sementes positivas da esposa, mas precisou vir a Plum Village para se lembrar dessa prática. Por isso é tão importante praticar os ensinamentos numa comunidade. Você precisa que um irmão, uma irmã, um amigo lembre a você o que já sabe. Se você realmente tivesse regado com freqüência as sementes positivas que já se encontram dentro da pessoa amada, ela não lhe causaria tanto sofrimento hoje. Portanto, você é em parte responsável pelo seu sofrimento.

Voltando para ajudar

Enquanto o seu compromisso da sexta-feira não chega, pratique fazendo um exame profundo para identificar sua participação no conflito. Não ponha toda a culpa na outra pessoa. Reconheça primeiro que a principal causa do seu sofrimento é a semente da raiva que existe em você e que a outra pessoa é apenas uma causa secundária.

Quando começar a compreender seu papel no conflito, você sentirá um alívio ainda maior. Respirar conscientemente, abraçar sua raiva e liberar sua energia negativa faz você se sentir muito melhor após quinze minutos de prática.

Mas a outra pessoa pode ainda estar no inferno, sofrendo muito. A pessoa que você ama é sua flor, você é responsável por ela. Você prometeu cuidar dela. Você sabe que é, em parte, responsável pela maneira como ela é, porque você não praticou, não cuidou da sua flor. Você sente compaixão por essa pessoa e, de repente, tem o impulso de ajudá-la. A outra pessoa pode ser alguém muito importante para você. Se você não ajudá-la, quem o fará?

No momento em que sentir o desejo de ajudar a outra pessoa, você saberá que a energia da raiva se transformou na energia da compaixão. Sua prática deu frutos. O adubo, o lixo se transformaram numa flor. Esse processo pode levar quinze minutos, meia hora, uma hora ou mais. Depende do seu nível de concentração, do seu nível de consciência. Depende também da quantidade de sabedoria e compreensão que você adquire durante a prática.

Talvez hoje seja terça-feira e você ainda tem três dias pela frente antes do encontro marcado para sexta. Você não quer que a outra pessoa se preocupe ou sofra mais ainda, de modo que, assim que identifica sua responsabilidade no conflito, você pega imediatamente o telefone e liga para ela. "Meu amor, estou me sentindo muito melhor neste momento. Eu estava vendo as coisas de modo errado. Percebo agora que fiz com que nós dois sofrêssemos. Por favor, não se preocupe com o que vai acontecer na sexta-feira." Você dá esse telefonema com amor.

Na maioria das vezes, a raiva nasce de uma percepção errada. Se ao refletir sobre a causa do seu sofrimento, você descobrir que sua raiva nasceu de uma percepção errada, conte este fato imediatamente à outra pessoa. Ela não quis fazer você sofrer, ela não queria destruir você, mas por alguma razão você acreditou nisso. Cada um de nós precisa fazer constantemente um exame profundo da maneira como percebemos as coisas, quer sejamos pais, filhos ou companheiros.

Você tem certeza de que está com a razão?

Certo homem precisou se afastar de casa por um longo tempo. Antes de partir, sua mulher ficou grávida, mas ele não sabia disso. Quando voltou, a mulher dera à luz um filho. Ele desconfiava de que o menino não era seu, acreditando que ele fosse filho de um vizinho que costumava prestar serviços para a família. Ele olhava para o garoto com desconfiança e via o rosto do vizinho no rosto da criança. No entanto, um dia, seu irmão foi visitá-lo e lhe disse: "Seu filho se parece demais com você. É uma perfeita duplicata sua." A visita do irmão foi um acontecimento feliz, porque ajudou o pai do menino a se livrar da percepção errada. No entanto, essa noção errônea dominara a vida do homem durante doze anos, fazendo com que ele sofresse profundamente, fazendo a mulher sofrer muito e maltratando o menino, que também sofreu por causa do ódio do pai.

Temos que tomar muito cuidado com o que percebemos, caso contrário certamente vamos sofrer. É bastante útil escrever a frase "Você tem certeza?" num pedaço de papel e pendurá-la na parede do seu quarto. Nas clínicas e nos hospitais, as pessoas estão começando a pendurar este aviso: "Mesmo que você tenha certeza, verifique de novo." Trata-se de uma advertência de que, quando a doença não é detectada cedo, é muito difícil curá-la. Nós também podemos usar este aviso: "Mesmo que você tenha certeza, verifique de novo." Somos capazes de causar sofrimento a nós mesmos, de criar um inferno para nós e para aqueles que amamos por causa das nossas percepções. Você tem certeza do que está percebendo?

Quando ficar com raiva e sofrer, por favor, volte e examine profundamente o conteúdo e a natureza das suas percepções. Se for capaz de remover a percepção errada, a paz e a felicidade serão restabelecidas e você será capaz de voltar a amar a outra pessoa.

Examinando a raiva em conjunto

Quando a outra pessoa sabe que você está fazendo o melhor que pode, examinando a causa da sua raiva, ela também se sente motivada a praticar. Enquanto estiver dirigindo, cozinhando ou desempenhando qualquer tarefa, ela perguntará a si mesma: "O que eu fiz? O que eu disse para fazer com que a pessoa que eu amo sofra tanto?" E ela também terá a oportunidade de examinar profundamente. Ela sabe que no passado teve uma atitude que fez você sofrer, e começa a pensar que, desta vez, talvez tenha feito o mesmo. Se ela descobrir o que foi, deve se comunicar logo com você dizendo que sente muito.

Desse modo, se durante a semana vocês dois compreenderem as coisas da mesma maneira, o jantar da sexta-feira se transformará num momento de celebração e feliz encontro amoroso.

Compartilhando tudo, mesmo quando é difícil

Se durante a semana vocês não conseguiram se entender, a sexta-feira será então um momento de buscar o entendimento através do exame profundo da situação, numa linguagem amorosa. Aquele que estiver com raiva tem o direito de dizer ao outro o que se passa no seu coração. O outro apenas ouve, se esforçando bastante para acolher com compaixão, procurando não julgar nem criticar. Ouve para ajudar a pessoa amada a se expressar e se libertar um pouco do sofrimento.

Quando você compartilha com o outro o sofrimento que sente, tem o direito de dizer tudo o que se passa no seu coração – é seu dever fazer isso, porque a outra pessoa tem o direito de saber tudo. É indispensável, porém, que tudo seja dito de forma calma e amorosa. No momento em que a irritação se manifestar, no instante em que você achar que vai perder a calma, por favor, pare. "Meu amor, não posso continuar agora, vamos nos encontrar em outra ocasião. Preciso praticar mais a respiração e o andar consciente. Estou sentindo que vou perder a serenidade e não quero que isso aconteça." A outra pessoa certamente vai concordar em adiar o encontro para outra hora, talvez para a sexta-feira seguinte.

Se você for a pessoa que vai escutar, é preciso também praticar a respiração consciente. Pratique essa respiração para se desarmar e abandonar qualquer idéia preconcebida e poder ouvir com a maior abertura e compaixão possíveis. Entregue-se inteiramente ao outro e ao que ele lhe diz para lhe trazer alívio. Você possui a semente da compaixão dentro de você e ela se manifestará quando notar que a outra pessoa está sofrendo muito.

Quando sente compaixão, você não comete erros

Você só pode cometer um erro quando se esquece que a outra pessoa está sofrendo. Temos a tendência de acreditar que só nós sofremos e que a outra pessoa está feliz por nos fazer sofrer. Quando achamos isso, fazemos coisas más e cruéis para magoar o outro. A consciência de que a outra pessoa sofre muito ajudará você a ouvir profundamente. A compaixão se torna possível e você consegue mantê-la viva enquanto escuta. Agindo assim, você será um excelente terapeuta para o outro.

Talvez a outra pessoa seja muito crítica e diga apenas palavras de acusação, mostrando-se amarga e cínica. No entanto, como a compaixão está em você, essas atitudes não afetam tanto. O néctar da compaixão é maravilhoso. Se você se empenhar em mantê-lo vivo, estará garantindo sua proteção. O que a outra pessoa diz não desencadeará raiva e irritação em você, porque *a compaixão é o verdadeiro antídoto da raiva.* Somente a compaixão é capaz de curar a raiva. É por isso que a prática da compaixão é maravilhosa.

Só é possível existir compaixão quando a compreensão está presente. Compreensão de quê? O entendimento de que a outra pessoa sofre e precisa da minha ajuda. Se eu não ajudar, quem o fará? Talvez, ao ouvir o outro falar, você note que ele percebeu os fatos de forma errada. Mas não o interrompa, deixe-o expressar totalmente tudo o que tem a dizer. Ouça com toda a atenção, com a melhor das intenções.

Se você quiser ajudar a outra pessoa a corrigir a percepção errada, é preciso esperar o momento certo. Nesse encontro de sexta-feira, deixe-a expressar o que está em seu coração. Escute apenas, com interesse verdadeiro e muita compaixão. Talvez alguns dias depois, quando ela se sentir melhor, você possa mostrar que as percepções dela estavam erradas. "Meu amor, outro dia você disse uma coisa que não foi realmente o que aconteceu. O que ocorreu foi..." Use palavras amorosas quando corrigir a pessoa. Se necessário, peça a um amigo que sabe realmente o que aconteceu que ajude a outra pessoa a compreender a verdadeira situação para que ela possa se libertar do sofrimento que causam as percepções erradas.

A paciência é a marca do verdadeiro amor

A raiva é uma coisa viva. Ela brota e precisa de tempo para abrandar. Mesmo que você tenha provas concretas para convencer a outra pessoa de que a raiva dela está totalmente baseada numa percepção errada, por favor, não interfira imediatamente. Assim como o ciúme, a raiva precisa de tempo para abrandar, mesmo depois que a outra pessoa descobre que interpretou mal a situação. Quando você desliga um ventilador, ele continua a girar durante algum tempo antes de parar. A raiva também é assim. Não espere que a outra pessoa pare imediatamente de sentir raiva. Deixe que ela desapareça aos poucos, lentamente. Por favor, não se apresse.

A paciência é a marca do verdadeiro amor. Se queremos amar, precisamos aprender a ser pacientes, tanto com os outros quanto com nós mesmos. A prática de abraçar a raiva requer tempo, mas, se você praticar durante apenas cinco minutos a respiração consciente, o andar consciente e abraçar sua raiva, poderá alcançar um resultado eficaz. Se cinco minutos não forem suficientes, leve dez. E, se dez não bastarem, leve quinze. Leve o tempo que precisar. As práticas da respiração consciente e do andar consciente ao ar livre são uma forma maravilhosa de abraçar a raiva. É exatamente como quando você cozinha batatas. Você precisa manter o fogo aceso durante pelo menos quinze ou vinte minutos, para não comer batatas cruas. Você precisa cozinhar sua raiva no fogo da plena consciência e isso pode levar dez, vinte minutos ou muito mais tempo.

Conquistando a vitória

Quando cozinha as batatas, você tem que cobrir a panela para evitar que o calor escape. Isso se chama concentração. Repita o mesmo quando quiser cuidar da sua raiva: enquanto estiver caminhando ou respirando, não faça mais nada. Nada mesmo. Abrace a raiva com cem por cento do seu ser, exatamente como você faria ao cuidar de um bebê.

Depois que passar algum tempo abraçando a raiva e fazendo um exame profundo, você compreenderá melhor o que está acontecendo e a raiva diminuirá. Você se sentirá muito melhor e terá o impulso de voltar e ajudar a outra pessoa. Ao tirar a tampa da panela, as batatas exalarão um cheiro delicioso. A raiva terá se transformado na energia da compaixão amorosa. Conquistamos uma vitória para nós mesmos e para aqueles que amamos. Não espere a outra pessoa praticar para iniciar sua prática. Você pode fazer isso pelos dois.

5
Comunicando-se com Compaixão

Pode ter havido uma época em que você não conseguia se comunicar com seus pais. Embora morassem na mesma casa, talvez você os achasse muito distantes. Nessa situação, tanto os pais quanto a criança sofrem. Cada lado acredita que só existem mal-entendidos, ódio e separação, e desconhecem que têm muitas coisas em comum. Não sabem que todos possuímos a capacidade de esquecer, perdoar e amar. Por isso, é muito importante reconhecer os elementos positivos que estão sempre presentes em nós, para evitar que a raiva e outros sentimentos negativos nos dominem.

A luz do sol por trás das nuvens

Quando está chovendo, parece que não existe a luz do sol. Mas se estivermos num avião e ultrapassarmos as nuvens, redescobriremos a luz e constataremos que ela está sempre presente. Mesmo num momento de raiva ou desespero, nosso amor continua presente. Nossa capacidade de comunicação, de perdão, de sentir compaixão ainda existe. Você precisa acreditar nisso. Tenha certeza: somos mais do que a nossa raiva, mais do que o nosso sofrimento. Se você souber que tem dentro de si a capacidade de amar, compreender e sentir compaixão, não sentirá desespero quando chover. Você sabe que a chuva está presente, mas a luz do sol continua existindo em algum lugar e, quando a chuva parar, o sol voltará a brilhar. Tenha esperança. Se nos momentos de raiva você conseguir lembrar que os sentimentos positivos continuam presentes dentro de você e da outra pessoa, saberá que é possível abrir caminho para eles, de modo que o que há de melhor em vocês volte a se manifestar.

A prática existe para isso. Ela ajudará você a tocar a luz do sol, tocar a bondade dentro de você para poder transformar a situação.

Para isso, pratique a respiração consciente, o andar consciente e o sentar consciente.

A prática de ouvir profundamente

A comunicação é uma prática. É preciso ter uma habilidade especial para poder se comunicar. Não basta ter boa vontade, é necessário aprender. Talvez você tenha perdido a capacidade de ouvir. Talvez a outra pessoa tenha falado com amargura tantas vezes, sempre condenando e culpando, que você chegou ao seu limite e não consegue mais escutar. Você começa a evitar a pessoa. Você perdeu a capacidade de escutá-la.

Você procura evitá-la por ter medo, por não querer sofrer. Mas a outra pessoa pode interpretar mal seu afastamento, pensando que você a despreza, e sofre muito com isso. Para sair do impasse, a única solução é se exercitar para ser capaz de se comunicar de novo. Ouvir profunda e sinceramente é o caminho.

Sabemos que muitas pessoas sofrem por sentir que ninguém é capaz de compreendê-las ou entender a situação em que se encontram. Todo mundo está ocupado demais e ninguém parece ter capacidade de ouvir. Mas todos nós precisamos de alguém que nos escute.

Muitas pessoas recorrem a psicoterapeutas que lhes ofereçam apoio e que inspirem confiança para que possam abrir o coração. Os verdadeiros terapeutas têm a capacidade de ouvir completamente, sem preconceitos e sem fazer julgamentos.

Ouvir com empatia significa escutar de uma maneira tal, que a outra pessoa sinta que você está realmente acolhendo, realmente compreendendo, escutando com todo o seu ser – com o coração. Quantos são capazes de ouvir assim, com o coração, transmitindo à pessoa que fala a sensação de a estar acolhendo e compreendendo? Só assim ela experimentará algum conforto. Porém, repito, quantos de nós somos capazes de ouvir dessa maneira?

Ouvindo para trazer alívio

Ouvir profundamente, escutar com compaixão é ouvir com um único objetivo: dar à outra pessoa a chance de falar o que está sentindo, para sofrer menos. Você ouve para dar à outra pessoa uma chance de desabafar, de sentir que alguém finalmente a entende. Mesmo que a outra pessoa fale durante meia hora ou quarenta e cinco minutos, ouça durante todo esse tempo, com uma única idéia na mente, um único desejo: acolher e compreender. Mais tarde, se for necessário, você a ajudará a analisar e compreender o passado, mas, nesse primeiro momento, faça apenas isso: ouça com compaixão.

A compaixão é o antídoto da raiva e da amargura

Se, enquanto estiver ouvindo, mantiver a compaixão viva em você, a raiva e a irritação não poderão se manifestar. Se você não fizer isso, as coisas que a outra pessoa disser poderão causar irritação, raiva e sofrimento. Somente a compaixão é capaz de impedir que você se irrite, se zangue ou se desespere.

Você age como um Grande Ser enquanto escuta, porque sabe que a outra pessoa está sofrendo muito e precisa que você a salve. Mas, para fazer isso, você precisa de um equipamento adequado.

Quando os bombeiros vão apagar um incêndio, eles precisam de escadas, água e um tipo de roupa que os proteja do fogo. Precisam conhecer muitas maneiras de se proteger e de apagar o fogo. Quando você ouve profundamente alguém que está sofrendo, você pisa numa zona de fogo. Existe o fogo do sofrimento, da raiva que arde na pessoa que está falando. Se você não tiver o equipamento adequado, não poderá ajudar e talvez até se torne uma vítima do fogo da outra pessoa.

Volto a repetir, porque considero fundamental: seu equipamento, nesse caso, é a compaixão, que pode ser alimentada e mantida viva através da prática da respiração consciente que gera a energia da plena consciência, mantém vivo seu desejo de ajudar a outra pessoa a se abrir e protege você do sofrimento que as palavras da outra pessoa possa causar.

Quando você não tem capacidade de ouvir com compaixão, não pode simplesmente fingir que está escutando. A outra pessoa perceberá que você não a compreende. Quando você tem compreensão e é capaz de ouvir com compaixão, consegue escutar profundamente e a qualidade do seu ouvir é fruto da sua paciência.

Tratando de nós mesmos com carinho

Compartilhar o sofrimento pode nos ajudar a alimentar nossa compaixão e a reconhecer a felicidade onde ela se encontra. Se não entrarmos em contato com a dor, não poderemos saber o que é a verdadeira felicidade. Por isso, faz parte da nossa prática enfrentar o sofrimento. É importante, porém, saber que cada um de nós tem limites, e é fundamental reconhecê-los. Não podemos fazer mais do que é possível.

É por esse motivo que temos que cuidar bem de nós mesmos. Se nos envolvermos muito com o sofrimento e a raiva das outras pessoas, seremos afetados. Se ficarmos em contato apenas com o sofrimento, perderemos de vista o que há de positivo no mundo e nos outros e isso destruirá nosso equilíbrio. Por isso, na vida do dia-a-dia, é preciso ficar em contato com elementos positivos: o céu, os pássaros, as árvores, as flores, as crianças – tudo o que existe à nossa volta e é revigorante, benéfico e nos alimenta de alegria e beleza.

Quando você vir que está se perdendo no sofrimento e preocupações, peça ajuda aos amigos. Diga-lhes que precisa de afeto, alegria e beleza. Eles então lhe dirão: "Veja como o céu está claro nesta manhã, como o sol brilha, fazendo as cores das árvores mais vivas. Vamos assistir a um pôr-do-sol, um nascer da lua. O paraíso está bem aqui. Olhe para toda essa beleza e alegre-se porque ela nos foi dada de graça." Você está com a comunidade, com irmãos e irmãs que ajudam você a entrar novamente em contato com os elementos positivos da vida. Esta é a prática do carinho, extremamente importante.

Devemos ser capazes de viver profundamente cada dia, com alegria, paz e compaixão, porque o tempo passa muito rápido. Todas as manhãs ofereço um incenso ao Buda. Prometo a mim mesmo que vou procurar aproveitar cada minuto do dia que me é concedido para viver. É graças à prática do andar consciente e da respiração consciente que consigo aproveitar profundamente cada momento da minha vida cotidiana. Mais uma vez, para que se grave em seu ser: a respiração consciente e o andar consciente são como dois amigos que sempre me ajudam a entrar em profundo contato com o aqui e agora e tocar as maravilhas da vida que estão disponíveis.

Pequenas pausas que reequilibram

Seria bom fazermos pequenas pausas durante o dia para tomar consciência de nós mesmos. Em Plum Village há um sino que toca de vez em quando para nos lembrar de parar o que estamos fazendo, tentar interromper nossas palavras e pensamentos. Quando ouvimos o som do sino, relaxamos o corpo e nos concentramos em nossa respiração. Compreendemos que estamos vivos e podemos entrar em contato com muitas maravilhas da vida que existem para nós. Paramos naturalmente, com alegria, e ao inspirar e soltar o ar três vezes usufruímos o fato de estarmos vivos. Quando paramos, restauramos nossa calma e nossa paz, ficamos livres, nosso trabalho se torna mais agradável e as pessoas à nossa volta ficam mais reais.

A prática de parar e respirar nos ajuda a entrar em contato com os elementos belos e gratificantes da vida do dia-a-dia. Quando nos perdemos no nosso sofrimento ou no turbilhão de atividades, ela pode nos salvar e nos colocar em contato com os elementos positivos da vida.

Respeitar nossos limites

É fundamental conhecermos nossos limites. Mesmo que você seja um mestre espiritual e possua a capacidade de escutar o sofrimento das pessoas, você tem limites. Para ouvir o outro, você tem que cuidar de você. Precisa receber a nutrição adequada todos os dias: desfrutar a meditação andando, saborear plenamente o seu chá, conviver com pessoas alegres e afetuosas para obter carinho suficiente. Ao mesmo tempo, você precisa praticar a compaixão carinhosa para poder ter um bom equipamento para a tarefa de ouvir. Você tem que desempenhar o papel de um Grande Ser, alguém que possui uma felicidade tão grande, que é capaz de salvar as pessoas do sofrimento.

Você e seus filhos são um só

Na qualidade de pai ou mãe, você tem que escutar seu filho ou sua filha. Isso é muito importante, porque essas crianças são uma continuação sua. Se seu coração não funciona bem, se seu estômago está com problemas, você não pensa em arrancá-los e jogá-los fora. Você não pode dizer: "Você não é meu coração! Meu coração não se comporta dessa maneira. Você não é meu estômago! Meu estômago não se comporta assim. Não vou mais me relacionar com vocês daqui por diante!" Eles fazem parte de você, assim como seus filhos.

No momento em que cada um de seus filhos é concebido no seu útero, você vê a si mesma e o feto como um só. Você pode até conversar com o bebê, e você conversa com amor. Você se conscientiza do que consome, porque tudo que você come ou bebe o bebê também come e bebe. Suas preocupações e sua alegria são as preocupações e a alegria do seu bebê.

Quando você dá à luz e o cordão umbilical é cortado, essa consciência da unidade pode começar a desaparecer. Quando a criança já está com doze ou treze anos, você já se esqueceu completamente de que ela é você. Você pensa nela como uma entidade separada. Vocês têm problemas uma com a outra. Ter um problema com um dos filhos é como ter um problema no estômago, no coração ou nos rins. Se você acredita que ele é outra pessoa, uma entidade separada, você pode dizer: "Vá embora! Um filho meu não se comporta dessa maneira!" Mas, assim como você não pode dizer isso para o seu estômago ou seu coração, você também não pode dizê-lo para seus filhos. O Buda afirmou: "Não existe um eu separado." Você e seu filho, você e sua filha, são apenas uma continuação de muitas gerações de ancestrais. Você faz parte de uma longa corrente de vida. Tudo o que seus filhos fazem continua a afetar você profundamente – exatamente como quando eles estavam no seu útero –, e tudo que você faz afeta profundamente seus filhos, porque eles nunca podem ser isolados de você. Sua felicidade e seu sofrimento são a felicidade e o sofrimento dos seus filhos e vice-versa. É por isso que você precisa se dedicar inteiramente à tarefa de restabelecer a comunicação com eles.

Iniciando um diálogo

A ignorância nos faz pensar que só nós sofremos. Achamos muitas vezes que nossos filhos não sofrem. Mas, na verdade, sempre que você sofre, seus filhos também sofrem. Você está presente em cada célula do corpo dos seus filhos. Cada emoção e percepção nos seus filhos é sua emoção e percepção. Lembre-se da sensação inicial de serem um só. Inicie um diálogo com seus filhos.

Você cometeu muitos erros no passado. A maneira como você comeu e bebeu e o modo como se preocupou exerceram um forte impacto no seu estômago, no seu intestino e no seu coração. Você os fez sofrer. De uma maneira bastante semelhante, você é responsável pelos seus filhos. Você não pode negar isso. Numa fase de conflito, seria muito mais sábio dizer para eles: "Meu amor, eu sei que você está sofrendo muito. Quando você sofre, eu também sofro. Como posso ser feliz se a pessoa que mais amo está sofrendo? Nós dois estamos sofrendo. Podemos fazer alguma coisa a respeito disso? Podemos procurar juntos uma solução? Podemos conversar? Eu realmente quero restabelecer a comunicação, mas para isso preciso da sua ajuda."

Se você for capaz de dizer coisas assim para seus filhos, de uma forma amorosa, a situação pode mudar. Sua linguagem tem origem no amor, na compreensão e na consciência de que você e seus filhos são um só e que a felicidade e o bem-estar não são uma questão individual. Eles dizem respeito a vocês dois. Assim, o que você diz aos seus filhos precisa proceder do seu amor e compreensão, o entendimento de que não existe um eu separado. Você sabe que sua filha é do jeito que é porque você é do jeito que é. Vocês são interdependentes. Você é do jeito que é porque seu filho é do jeito que é. Vocês não são separados.

Pratique para conseguir restabelecer a comunicação da melhor maneira possível. Desenvolva em seus filhos a consciência da interdependência e da unidade: "Meu querido filho, você é minha continuação, e quando você sofre eu não posso ser feliz. Vamos então conversar e esclarecer as coisas. Por favor, me ajude." O filho também pode aprender a falar dessa maneira, porque ele compreende que, se a mãe ou o pai estão sofrendo, ele também não pode ser feliz. Talvez seja o filho que tome a iniciativa do diálogo.

A mesma coisa pode acontecer entre parceiros. Vocês assumiram o compromisso de promover o crescimento um do outro. Vocês prometeram com profunda sinceridade compartilhar a felicidade e o sofrimento. Dizer ao parceiro que você precisa da ajuda dele para recomeçar é apenas uma confirmação desses votos. Cada um de nós tem a capacidade de falar e ouvir dessa maneira.

Cartas de amor

Certa mulher francesa guardava antigas cartas de amor do marido. Ele escrevera lindas cartas para ela antes do casamento. Sempre que recebia uma carta dele, ela saboreava cada frase, cada palavra, pois elas eram tão doces, tão cheias de compreensão e de amor. Como as cartas a encantavam, ela as guardou numa caixa de biscoitos. Passados muitos anos, certa manhã, ao arrumar o armário, a mulher encontrou a antiga caixa onde guardava as cartas dele. Havia muito tempo que ela não via a caixa que a fazia lembrar uma época maravilhosa, quando ela e o marido eram jovens, se amavam muito e acreditavam que não poderiam sobreviver um sem o outro.

Mas, nos últimos anos, tanto o marido quanto a mulher haviam sofrido muito. Mal olhavam um para o outro, e não se correspondiam mais. Na véspera do dia em que ela encontrou a caixa, o marido informou que precisava fazer uma viagem de negócios. Ele não sentia prazer em ficar em casa, e talvez estivesse procurando um pouco de felicidade ou prazer nas viagens que fazia. Ela estava consciente desse fato. Quando o marido lhe disse que tinha que ir a Nova York para uma reunião, ela respondeu: "Tudo bem, se você precisa trabalhar." Esse tipo de diálogo se tornara comum entre os dois. Em vez de voltar para casa no dia planejado, ele telefonou dizendo que ficaria mais dois dias porque tinha coisas para fazer. Ela aceitou o fato com bastante tranqüilidade porque não se sentia feliz mesmo quando ele estava em casa.

Depois de desligar o telefone, ela começou a arrumar o armário e encontrou a caixa. Curiosa, porque havia muito tempo que não via aquela caixa, a mulher pôs de lado o espanador, abriu a caixa e foi invadida por um antigo sentimento. Como era doce a carta! A linguagem do marido era repleta de amor e compreensão. Ela se sentiu renovada, como um pedaço de terra árida finalmente exposta à chuva. Leu as quarenta e sete cartas, uma depois da outra, e todas eram maravilhosas. Percebeu que as sementes da sua antiga felicidade, enterradas debaixo de muitas camadas de sofrimento, ainda estavam presentes e começavam a ser regadas.

Quando fazemos algo assim, regamos as sementes de felicidade adormecidas no fundo da nossa consciência. No passado recente, o marido não vinha usando esse tipo de linguagem. Mas agora, lendo as cartas, ela conseguia ouvi-lo falando daquele jeito carinhoso. A felicidade já fora uma realidade para eles. Por que viviam agora numa espécie de inferno? Ela mal conseguia se lembrar, mas ele fora capaz de usar aquele tipo de linguagem para se dirigir a ela.

Regando as sementes da felicidade

Durante a hora e meia em que passou lendo todas as cartas, a mulher regou as sementes de felicidade que estavam dentro de si. Ela compreendeu que ela e o marido haviam sido inábeis. Eles tinham regado um no outro as sementes do sofrimento e não haviam sido capazes de regar as sementes da felicidade. Depois de ler todas as cartas, ela sentiu o desejo de escrever uma carta para ele contando como tinha sido feliz no início do relacionamento. Ela escreveu que gostaria que a felicidade daqueles anos dourados pudesse ser redescoberta e recriada. E que agora ela podia de novo chamá-lo de "Meu Querido" com toda sinceridade.

Ela levou quarenta e cinco minutos escrevendo a carta. Foi uma verdadeira carta de amor – dirigida ao atraente rapaz que havia escrito as cartas que ela guardava na caixa. Ela demorou cerca de três horas lendo as cartas e depois escrevendo para ele. Foi um período de prática, embora ela não soubesse que estava praticando. Depois de escrever a carta, a mulher se sentiu leve por dentro. A carta ainda não fora entregue, o marido ainda não a lera, mas ela estava se sentindo muito melhor porque as sementes da felicidade haviam sido redespertadas e regadas. Ela se sentiu feliz e alegre o resto dia porque as cartas haviam regado suas sementes positivas.

Enquanto lia as cartas e escrevia para o marido, ela começou a compreender o que acontecera. Nenhum dos dois soubera preservar a felicidade que mereciam. Através das palavras e das ações, eles haviam criado um inferno um para o outro. Depois de entender isso, ela se sentiu confiante, achando que, se ambos procurassem praticar, a felicidade poderia ser restabelecida. Ela ficou cheia de esperança e deixou de sofrer como vinha sofrendo nos últimos anos.

Quando o marido chegou em casa, viu a carta na sua escrivaninha. Ela terminara a carta dizendo: "Sou em parte responsável pelo nosso sofrimento, pelo fato de não termos a felicidade que ambos merecemos. Vamos começar de novo e restabelecer a comunicação que nos dava tanta alegria. Vamos fazer com que a paz, a harmonia e a felicidade se tornem novamente uma realidade." Ele passou muito tempo lendo a carta e analisando profundamente o que a mulher havia escrito. Ele não sabia que tanto ela quanto ele estavam praticando a meditação, porque, ao ler a carta da mulher, as sementes da felicidade dentro dele também foram regadas. Ele permaneceu muito tempo refletindo, fazendo um exame profundo e alcançando a mesma compreensão que ela havia alcançado no dia anterior. Por causa disso, ambos tiveram a chance de recomeçar e voltar a ser felizes.

Hoje em dia, as pessoas, os namorados, não escrevem mais cartas. Eles apenas pegam o telefone e dizem: "Você vai fazer alguma coisa hoje à noite? Vamos sair?" É uma pena porque, assim, não temos nada para guardar. Precisamos aprender a escrever de novo cartas de amor. Escreva para a pessoa que você ama, seja ela seu pai ou seu filho, sua filha, sua mãe, sua irmã ou seu amigo. Reserve algum tempo para colocar no papel sua gratidão e seu amor.

Pequenos milagres

Existem muitas maneiras de restabelecer a comunicação. Se você acha muito difícil conversar com seu filho, por que você não pratica o andar e a respiração conscientes durante um ou dois dias? Depois disso, escreva para ele uma carta de amor. Você pode usar o mesmo tipo de linguagem: "Meu querido filho, eu sei que você tem sofrido muito, e, como seu pai (ou sua mãe), sou em parte responsável por não ter sabido transmitir a você o que gostaria. Sei que você não tem conseguido me dizer o quanto está sofrendo, e quero mudar isso. Quero estar ao seu lado. Vamos ajudar um ao outro e tentar melhorar nossa comunicação." Você precisa aprender a falar esse tipo de linguagem.

As palavras amorosas vão nos salvar. Ouvir com compaixão vai nos salvar. Este é um milagre que você tem capacidade de realizar. Você possui paz, compaixão e compreensão suficientes nas profundezas da sua consciência. Precisa invocá-las e pedir ajuda, recorrer à sua entidade interior. Com o apoio de um amigo carinhoso, será possível recomeçar e restabelecer a comunicação.

6

O Sutra do Coração

Momento de gratidão, momento de iluminação

Existem momentos em que sentimos gratidão pela pessoa que compartilha a nossa vida. Apreciamos profundamente a presença dela. Ficamos cheios de compaixão, gratidão e amor. Todos já tivemos momentos assim na vida. Nós nos sentimos gratos por a outra pessoa estar viva e ter estado ao nosso lado durante momentos muito difíceis. Sugiro que, quando sentir isso de novo, você usufrua esse momento.

Para realmente se beneficiar, retire-se para um lugar onde você possa se isolar. Vá para o seu quarto ou para um local tranqüilo e mergulhe nesse sentimento de gratidão. Coloque então no papel seus sentimentos, sua gratidão, sua felicidade. Em meia ou uma página, expresse da melhor maneira o que está sentindo, ou grave numa fita, e guarde em seguida.

Esse momento de gratidão é um instante de iluminação, de plena consciência, de inteligência. É uma manifestação que vem das profundezas da sua consciência. Você possui essa compreensão dentro de si. Mas, quando você se zanga, sua gratidão e seu amor simplesmente parecem não estar presentes. Você se sente como se eles nunca tivessem existido, e é por isso que precisa escrevê-los num papel ou gravá-los numa fita e guardá-los em segurança. De vez em quando, leia ou ouça novamente o que você expressou.

O Sutra do Coração, uma escritura que é entoada diariamente por muitos budistas, é a essência dos ensinamentos do Buda sobre a sabedoria. O que você escreveu é um Sutra do Coração porque ele saiu do seu coração. Ele é o *seu* Sutra do Coração.

Entoe todos os dias o seu Sutra do Coração

Todos podemos aprender alguma coisa com a história da mulher que foi salva pelas cartas de amor que ela guardava numa caixa de biscoitos. Essas cartas saídas do coração foram a sua salvação. Seu salvador não veio de fora, veio de dentro. Você tem a capacidade de amar a outra pessoa, de sentir gratidão. Isso é uma bênção. Você sabe que tem a sorte de possuir um companheiro, de ter a pessoa que você ama na sua vida. Por que deixar essa verdade ir embora? Ela está no seu coração. Entoe então seu Sutra do Coração todos os dias. Todas as vezes que você entra em contato com o amor e o apreço que existem em você, sente de novo a gratidão e volta a valorizar a presença da outra pessoa.

Precisamos estar sozinhos para poder valorizar totalmente a presença da outra pessoa. Se estamos sempre juntos, nós nos habituamos à presença dela e nos esquecemos de apreciar sua beleza e sua bondade. Por isso, afaste-se de vez em quando por três ou sete dias. Afaste-se um pouco da pessoa para poder apreciá-la mais. Embora esteja fisicamente longe dela, ela se torna mais real para você, mais concreta do que quando vocês estão constantemente juntos. Durante o período em que estiverem separados, você se lembrará do que ela tem de essencial e como é importante e preciosa para você.

Escreva ou crie então o seu próprio Sutra do Coração, ou mais de um, e conserve-o num lugar sagrado. Procure entoá-lo com freqüência, porque, se a raiva vier e você não conseguir abraçá-la, seu Sutra do Coração será extremamente útil. Pegue o papel no qual ele está escrito, inspire e expire profundamente e leia o Sutra. Você começará imediatamente a se voltar para dentro de si mesmo e sofrerá muito menos. Quando ler seu Sutra do Coração, você saberá o que fazer e como reagir. Pode ser que neste momento, enquanto lê minha sugestão, você esteja achando complicado fazer isso. Mas é extremamente simples: deixe fluir o que está no seu coração num momento de gratidão e amor. Registre e guarde. Você vai descobrir o enorme benefício que esta prática trará.

Deixe a margem da raiva

Você ainda está na margem do sofrimento e da raiva. Por que não deixa essa margem e vai para a outra – a margem da ausência da raiva, da paz e da libertação? Ela é muito mais agradável. Por que você precisa passar várias horas, uma noite ou até mesmo dias sofrendo por causa da raiva? Existe um barco no qual você pode atravessar rapidamente para a outra margem. Esse barco é a prática de nos voltarmos para nós mesmos, para podermos examinar profundamente nosso sofrimento, raiva e depressão e sorrir para eles. Ao fazer isso, dominamos nossa dor e atravessamos para a outra margem.

Não permaneça na margem em que você continua a ser vítima da raiva. A ausência da raiva está presente em você, ela é possível. Então, simplesmente atravesse o rio e vá para a margem da ausência da raiva. É um lugar tranqüilo, agradável e refrescante. Não se deixe tiranizar pela raiva. Livre-se, liberte-se. Atravesse com a ajuda de um mestre, de outros amigos que se dedicam à prática, e da sua própria prática. Conte com esses barcos para atravessar o rio e chegar ao outro lado.

Neste momento você pode estar na margem da confusão, da raiva ou da dúvida. Não fique aí, vá para o outro lado. Com sua prática de andar e respirar, sua prática de realizar um exame profundo e de entoar seu Sutra do Coração, você fará rapidamente a travessia. Talvez em poucos minutos. Você tem o direito de ser feliz. Você tem o direito de sentir compaixão e carinho. A semente do despertar está em você. Através da prática, você pode transformar imediatamente essa semente numa flor. Você pode acabar com o seu sofrimento, porque a eficácia do darma é imediata. É mais rápida do que aspirina.

Dê um presente quando estiver com raiva

Há ocasiões em que estamos zangados com alguém e tentamos fazer tudo que é possível para transformar nossa raiva, mas nada parece funcionar. Neste caso, o Buda propõe que demos um presente à outra pessoa. Parece infantil, mas é uma atitude extremamente eficaz. Estamos com raiva dela, queremos magoá-la. Dar um presente a essa pessoa transforma esse sentimento na vontade de fazê-la feliz. Assim, quando você se zangar com uma pessoa, mande um presente para ela. Depois de o enviar, você deixará de sentir raiva. É muito simples e sempre dá certo.

Mas não espere sentir raiva para comprar o presente. Quando você sentir muita gratidão, quando sentir que ama muito a pessoa, compre imediatamente um presente. Mas não o envie. Guarde-o. Você pode ter dois ou três presentes guardados em segredo na gaveta. Um dia, quando você se zangar, pegue um deles e mande entregar. Isso é extremamente eficaz. O Buda era muito esperto.

O alívio da compreensão

Quando você sente raiva, quer diminuir seu sofrimento. Esta é uma tendência natural. Existem muitas maneiras de sentir alívio, mas o maior alívio provém do entendimento. Quando existe a compreensão, a raiva irá embora por si mesma. Quando você entende a situação da outra pessoa, quando você compreende a natureza do sofrimento, a raiva desaparece, porque se transforma em compaixão.

O exame profundo é o remédio mais recomendado para a raiva. Se você parar e se dedicar a entender, você compreenderá as dificuldades da outra pessoa e o desejo mais profundo que ela nunca conseguiu realizar. Então, você sentirá a compaixão surgir em você, e este sentimento, como já disse, é o antídoto da raiva. Se você deixar que a compaixão emane do seu coração, a chama da raiva se apagará imediatamente.

Quase todo o nosso sofrimento nasce porque nos vemos como seres separados. Se compreendermos que não existe separação, que a outra pessoa é você e você é a outra pessoa, a raiva desaparecerá.

Os perigos de dar vazão à raiva

Alguns terapeutas nos aconselham a expressar a nossa raiva para nos sentirmos melhor. Eles sugerem que digamos ou façamos certas coisas para libertar a raiva, como pegar uma vara e golpear um pneu ou bater uma porta com toda a força. Eles também sugerem que espanquemos um travesseiro. Esses terapeutas acreditam que esta é a maneira de remover de nós a energia da raiva. Eles chamam essa técnica de "extravasar".

Se sua sala está enfumaçada, você sente vontade de ventilar o aposento para que a fumaça possa ir embora. A raiva é uma espécie de fumaça, uma energia que nos faz sofrer. Quando a fumaça aparece, você quer abrir a porta e ligar o ventilador para a fumaça poder sair. Em relação à raiva, você providencia essa ventilação golpeando uma pedra ou uma árvore com uma vara, ou batendo no travesseiro. Já vi muitas pessoas praticando dessa maneira. Elas conseguem de fato um alívio temporário. No entanto, os efeitos colaterais desse extravasamento são extremamente nocivos. Eles farão você sofrer muito mais.

A raiva precisa de energia para se manifestar. Quando tentamos extravasá-la golpeando uma coisa com toda a força ou batendo no travesseiro, ficamos exaustos e não temos mais energia para alimentar a raiva. Podemos achar que a raiva não está mais presente, mas isso não é verdade. Estamos simplesmente cansados demais para sentir a raiva.

São as raízes da raiva em nós que produzem essa sensação. Como você já sabe, as raízes da raiva têm origem na ignorância, nas percepções erradas, na falta de compreensão e compaixão. Quando extravasa a raiva, você simplesmente abre a energia que está alimentando esse sentimento. As raízes da raiva estão sempre presentes, e, ao expressar a raiva dessa maneira, você está fortalecendo as raízes dela dentro de você. É este o perigo de dar vazão à raiva dessa maneira.

Um artigo do *The New York Times* de 9 de março de 1999, intitulado "Extravasar a Agressão É Considerado um Mau Conselho", diz que muitas pesquisas feitas por psicólogos sociais demonstraram que tentar expressar a raiva e a agressão batendo num travesseiro ou algo semelhante não ajuda em nada. Na verdade, só faz piorar a situação.

Enquanto está batendo no travesseiro, você não está acalmando nem diminuindo sua raiva – você a está ensaiando. Se você praticar, espancando todos os dias um travesseiro, a semente da raiva em você crescerá diariamente. Um dia, então, quando encontrar a pessoa que deixou você com raiva, talvez vá praticar o que aprendeu, batendo na pessoa. É por isso que lidar com a agressão espancando um travesseiro, ou dando vazão à raiva, não é proveitoso. Essa técnica não ajuda a ventilar a energia da raiva, que permanece no seu sistema.

Quando a plena consciência está presente, estamos em segurança

Temos que reconhecer a presença da nossa raiva e cuidar bem dela. Na psicoterapia este processo é chamado de "entrar em contato com a raiva". É maravilhoso e muito importante. Temos que reconhecer e abraçar a raiva quando ela se manifesta, em vez de reprimi-la.

Mas o importante, nesse caso, é saber quem está reconhecendo a raiva e cuidando dela. A raiva é uma energia e, se essa energia for esmagadora, podemos ser vítimas dela. Precisamos ser capazes de gerar outro tipo de energia capaz de reconhecer e cuidar da raiva. Qual é essa energia? Nunca será demais repetir: é a energia da plena consciência. Assim, todas as vezes que ficarmos com raiva, devemos praticar a respiração e o andar conscientes para gerar em nós a energia da plena consciência.

A plena consciência não está presente para reprimir. Ela está presente para dar as boas-vindas, para reconhecer: "Olá, raiva, minha amiga, eu sei que você está aí." A plena consciência é a energia que nos ajuda a ter consciência do que existe. Como já vimos, você pode estar consciente da inalação e da exalação, e isso é plena consciência da respiração. Você pode estar consciente do chá que está tomando ou do pão que mastiga, e isso é a plena consciência de beber e comer. Quando você caminha conscientemente, isso é a plena consciência de andar.

No caso de que falamos aqui, estamos praticando a plena consciência da raiva. "Tenho consciência da minha irritação, estou consciente de que a raiva está dentro de mim." Assim, a plena consciência significa entrar em contato, reconhecer, cumprimentar e abraçar. Ela não combate ou reprime. O papel da plena consciência é semelhante ao da mãe que abraça e consola a criança que está sofrendo. A raiva está em você, a raiva é o seu bebê, seu filho ou sua filha. Você precisa cuidar muito bem dela. Quando a plena consciência reconhece a raiva, ela diz: "Olá, minha raiva, eu sei que você está aí. Vou cuidar bem de você, não se preocupe." No momento em que a plena consciência está presente, você se encontra em segurança, pode sorrir, porque a energia do Buda nasceu em você.

Se você não souber lidar com a raiva, ela poderá matar você. Sem a plena consciência, você pode se tornar vítima da raiva. Ela pode fazer você vomitar sangue e até mesmo morrer. Muitas pessoas morrem por causa da raiva: ela causa um choque em todo o seu sistema e gera uma enorme pressão e dor dentro de você. Quando a energia da plena consciência está presente, você está em segurança. A plena consciência ajuda você a cuidar da situação. Quando o irmão mais velho está presente, o mais novo fica seguro. Quando a mãe está presente, a criança está segura. Através da prática, a mãe ou o irmão mais velho em você consegue cuidar cada vez melhor da sua raiva.

Enquanto reconhecemos e abraçamos a raiva, precisamos gerar continuamente a plena consciência. Podemos fazer isso praticando constantemente a respiração e o andar conscientes. Já disse, espancar um travesseiro não ajuda você a entrar em contato com a sua raiva ou descobrir a natureza dela.

Quando você realmente entra em contato com alguma coisa, você conhece a verdadeira natureza dela. Se você entrar profundamente em contato com uma pessoa, saberá quem ela realmente é. Quando a plena consciência não está presente, não é possível entrar em contato com alguma coisa ou com alguém. Sem a plena consciência, você se torna uma vítima, porque a raiva nos obriga a fazer coisas prejudiciais para os outros e para nós mesmos.

Você é o objeto da sua raiva

Quando nos zangamos com nossos filhos, estamos nos zangando com nós mesmos. Nossos filhos somos nós. Genética, fisiológica e cientificamente nossos filhos são nossa continuação. Esta é a verdade. Quem é sua mãe? Sua mãe é você. Você é a continuação dela como descendente, e ela é sua continuação como ancestral. Ela liga você a todos os que vieram antes e você a liga às gerações futuras. Vocês pertencem à mesma corrente de vida. Achar que ela é uma entidade diferente, que você não tem nada a ver com ela, é pura ignorância. Quando um rapaz diz: “Não tenho mais nada a ver com meu pai”, isso é uma total ignorância, porque o jovem, queira ou não, é uma continuação do pai.

Pode parecer que pais e filhos são entidades separadas, mas, se pensarmos melhor, perceberemos que são uma só. Por isso, resolver os conflitos, restabelecer a paz entre você e seus filhos, entre você e seus pais, é como restaurar a paz dentro de você, dentro do seu corpo. Você, seus pais e seus filhos têm a mesma natureza, pertencem à mesma realidade.

Quando temos raiva de nossos filhos, temos raiva de nós mesmos. Quando punimos nossos filhos, estamos nos punindo. Quando fazemos nossos pais sofrerem, estamos causando sofrimento a nós mesmos.

Quando conseguimos alcançar essa compreensão, passamos a saber que a felicidade e o sofrimento não são uma questão individual. Seu sofrimento é o sofrimento das pessoas que você ama. A felicidade delas é a sua felicidade. Ao saber disso, você não terá mais a tentação de punir ou culpar e se comportará com muito mais sabedoria. Essa inteligência, essa sabedoria, é fruto da sua contemplação, do seu exame profundo. Assim, a leitura do seu Sutra do Coração ajudará você a se lembrar que seus filhos e seu companheiro são você.

Lemos um sutra para mergulhar na verdade. O Sutra do Coração que estou estimulando você a escrever é um sutra proveniente da sua compreensão de que você e a outra pessoa são um só, que você não é um eu separado e isolado. Ele faz você lembrar da sabedoria do seu amor. Quando você tem raiva, quando tem a ilusão de que é um eu separado, a leitura do Sutra do Coração ajudará você a se voltar para dentro de si mesmo. Ao compreender o que se passa, você deixa de sofrer.

Precisamos constantemente nos lembrar de que existem muitas maneiras de nos livrarmos da raiva, mas o alívio mais profundo vem quando entendemos que não somos seres separados. Essa compreensão gera paz e harmonia entre você e a outra pessoa. Vocês merecem paz e felicidade. É por isso que precisam conversar para descobrir a melhor maneira de serem felizes na vida em comum.

Além disso, também precisamos planejar um modo de vida que nos traga paz e harmonia, assinando um tratado de paz com nós mesmos. Dentro de nós existe guerra e conflito, extremamente destrutivos. Estamos em guerra com nós mesmos porque não entendemos o que se passa conosco e nos tornamos vítimas de nossos sentimentos, em vez de cuidar deles e colocá-los a nosso serviço. Através da compreensão, podemos restabelecer a paz e a harmonia dentro de nós e no nosso relacionamento com os outros. Saberemos como agir e reagir com inteligência para deixarmos de ser uma zona de guerra e de conflito. Se houver paz e harmonia em nós, os outros o notarão, e a paz e a harmonia entre todos será rapidamente restabelecida. Nós nos tornaremos pessoas agradáveis de conviver e contagiaremos quem está em torno.

Assim, se quisermos ajudar nossos filhos, precisamos fazer as pazes com nós mesmos. Vou lhe pedir: examine-se profundamente e procure restabelecer a paz em si mesmo para ajudar quem você ama. Só assim vocês se libertarão do sofrimento.

Se não houver comunicação, nenhum entendimento verdadeiro é possível. Certifique-se, em primeiro lugar, de que você é capaz de se comunicar com você. Se não consegue fazer isso, como espera se comunicar com uma outra pessoa? A mesma coisa acontece com relação ao amor. Se você não se ama, não pode amar outra pessoa. Se não consegue se aceitar, se não consegue tratar-se com carinho e respeito, não pode fazer isso com outra pessoa.

7

Sem Inimigos

A compaixão é inteligente

A compreensão e a compaixão são duas fontes de energia extremamente poderosas. Elas são o oposto da estupidez e da passividade. Se você acha que a compaixão é passiva, fraca ou covarde, você não sabe o que é a verdadeira compaixão. Se você pensa que as pessoas que agem com compaixão são submissas e aceitam a injustiça, você está cometendo um engano. Elas são heróicas e combativas. É preciso ter muita força para agir com compaixão, com não-violência. Você deixa de agir em função da raiva, você não castiga nem faz acusações, mas luta pela justiça e em favor do amor. Mahatma Gandhi foi uma pessoa assim. Ele não possuía bombas, armas e não pertencia a nenhum partido político. Ele agia simplesmente em função da força da compaixão, do entendimento de que somos todos uma só realidade.

Os seres humanos não são nossos inimigos. Nosso inimigo é a violência, a ignorância e a injustiça existentes em nós e nos outros. *Quando nossas armas são a compaixão e a compreensão, não lutamos contra outras pessoas, e sim contra a tendência de invadir, dominar e explorar.* Não queremos matar os outros, mas não deixaremos que eles nos dominem e explorem. Você precisa se proteger. Você não é idiota. Você é muito inteligente e perspicaz. Agir com compaixão significa usar a inteligência para impedir que as outras pessoas cometam violência contra si mesmas ou contra você. A ação não-violenta que emana do amor é uma ação inteligente.

Sentir compaixão não significa sofrer desnecessariamente ou deixar de ter bom senso. Suponha que você está liderando um grupo de pessoas que fazem a meditação andando e se movem lentamente. A meditação andando gera muita energia, calma e paz. Mas, de repente, começa a chover. Você continuaria a andar devagar, deixando que todos, inclusive você, ficassem encharcados? Essa atitude não seria inteligente. Se você é um bom líder da meditação andando, você iniciará de imediato uma meditação de *jogging*. Assim, todos mantêm a alegria da meditação e permanecem alertas enquanto correm, evitando ficar encharcados.

Criando uma força policial que aja com compaixão

Gentileza e bondade não são sinônimo de passividade. Sentir compaixão não significa deixar que os outros se aproveitem de você, permitindo que causem sua destruição. Se precisar trancar uma pessoa porque ela é perigosa, você terá que fazer isso, mas terá que fazê-lo com compaixão. Seu objetivo é impedir que ela prossiga num curso de destruição e fazer com que ela deixe de sentir raiva.

Você não precisa ser um monge ou uma monja para agir com compaixão. Pode ser um policial, um juiz, um membro do Poder Judiciário ou mesmo um guarda de prisão. Mas, independentemente da sua ocupação, precisamos que você seja um Bodisatva, um ser de grande compaixão. Embora tenha que ser firme, você deve manter a compaixão sempre viva dentro de você.

E se você pratica o viver consciente, precisa ajudar os policiais a agirem com compaixão e sem medo. Os policiais da nossa época estão repletos de medo, raiva e estresse, porque foram agredidos muitas vezes. Aqueles que odeiam os policiais e os insultam ainda não conseguem compreendê-los. De manhã, quando os policiais vestem o uniforme e pegam as armas, eles não sabem se voltarão vivos para casa à noite. Os policiais sofrem muito e a família deles, também. Eles espancam ou atiram nas pessoas porque não sabem lidar com os blocos de medo, sofrimento e violência existentes dentro deles. O chefe de polícia deveria empenhar-se para realmente compreender a mente e o coração das pessoas que pertencem à sua força policial e se exercitar para que a compaixão e a compreensão nasçam no seu coração. Então, ele será capaz de educar e ajudar os policiais que precisam ir para as ruas todas as manhãs, todas as noites, para realizar a difícil tarefa de manter a paz na cidade.

Na França, os policiais são chamados de "defensores da paz". Se você não tem paz dentro de si, como pode manter a paz na cidade? Os policiais aprendem muitas técnicas para se proteger, mas os métodos de autodefesa não são suficientes. É preciso ser inteligente, aprender a agir sem medo, para agir de forma justa. O policial que sente medo comete muitos erros, pois terá sempre a tentação de usar sua arma e poderá matar muitas pessoas inocentes.

Não podemos tomar partido

Em Los Angeles, quatro policiais quase mataram com pancadas um motorista negro. A imprensa noticiou o fato e todos tomaram partido. Talvez você tenha ficado do lado da vítima do espancamento ou do lado dos policiais. Quando julgamos e tomamos partido, agimos como se estivéssemos à margem do conflito. Agimos como se não fôssemos o motorista negro que foi espancado nem os quatro policiais. Mas, se realizarmos um exame mais profundo, perceberemos que somos tanto a vítima do espancamento quanto os quatro policiais que o praticaram. A raiva, o medo, a frustração e a violência encontram-se na pessoa que foi espancada e naqueles que realizaram o espancamento. Assim como também estão presentes em nós.

As pessoas da família dos policiais sabem como a vida deles é difícil, e por isso deveriam ajudá-los a transformar a raiva, o medo e a frustração. Quando são capazes de ajudá-los a sofrer menos, toda a cidade é beneficiada – até mesmo os jovens delinqüentes. Esta é a melhor maneira de ajudar a comunidade. Através da inteligência, da compreensão e da compaixão podemos evitar verdadeiras tragédias.

Diálogo para acabar com a raiva e a violência

A imagem de um policial cheio de violência, preconceito e medo não é positiva. Os jovens, na maioria, encaram os policiais como inimigos e os agridem, porque eles são objeto da raiva e da frustração dos jovens. Precisamos organizar um encontro, um diálogo, entre os policiais e os jovens que cometeram atos de violência e que foram colocados na prisão. Por que não organizamos esse tipo de diálogo, dando aos policiais a chance de falarem a respeito da frustração, da raiva e do medo que sentem? E por que não deixamos os jovens falarem sobre a frustração, a raiva e o medo que sentem? Por que não televisionamos esse diálogo para que toda a nação possa aprender com ele?

Esta seria uma verdadeira meditação: toda uma cidade, uma nação fazendo um exame profundo. Nós não conhecemos a verdade. Conhecemos os policiais através dos filmes e das notícias da imprensa, mas não sabemos a verdade que se encontra no coração e na mente das pessoas que eles são.

Devemos organizar esse tipo de diálogo porque é fundamental que a verdade seja mostrada para toda a população.

Bombardeando a nós mesmos

"Meu Deus, perdoai-os porque eles não sabem o que fazem", disse Cristo na cruz. Quando uma pessoa comete um crime e provoca sofrimento nos outros, ela muitas vezes não sabe o que está fazendo. Muitos jovens cometem crimes, mas não têm noção do sofrimento causado pela sua violência. Quando praticam um ato violento contra alguém, eles também estão fazendo mal a si mesmos. Eles podem achar que praticar esses atos de violência e expressar a raiva irá diminuir a raiva que sentem. No entanto, a raiva que existe dentro deles só fará crescer cada vez mais.

Quando você deixa cair uma bomba sobre seu inimigo, você deixa cair as mesmas bombas sobre você e sobre seu país. Durante a Guerra do Vietnã, o povo americano sofreu tanto quanto o povo vietnamita. Os ferimentos da guerra são tão profundos nos Estados Unidos quanto no Vietnã. Temos que parar a violência, e só faremos isso quando percebermos que o que fazemos a outra pessoa também estamos fazendo a nós mesmos. Vamos usar o máximo de criatividade e habilidade para, em todos os nossos campos de atuação, mostrar isso aos outros, sobretudo através de nossas ações e do nosso modo de ser.

Interrompendo as guerras antes de começarem

Quase todos nós esperamos que uma guerra seja deflagrada para começar a tomar alguma providência para interrompê-la. Em geral não sabemos que as raízes da guerra estão em toda parte, inclusive no nosso pensamento e no nosso modo de vida. Por isso, só começamos a enxergar a guerra quando ela irrompe e se torna notícia. Então, nos sentimos esmagados por sua intensidade. Tomamos partido e achamos que um dos lados está certo e o outro, errado. Condenamos uma das facções, mas achamos que não temos nenhuma contribuição a dar com o objetivo de acabar com a destruição causada pela guerra.

É preciso que estejamos muito conscientes das raízes da guerra, presentes em nosso cotidiano, para interrompê-la antes que ela irrompa. Se desenvolvermos nossa consciência nesse sentido, nos tornaremos capazes de ajudar outras pessoas a despertar para, juntos, podermos agir com habilidade a fim de evitar que a guerra seja deflagrada.

Se você sabe meditar corretamente, talvez perceba as coisas de um modo mais profundo do que as outras pessoas e talvez conheça maneiras melhores de acabar com a discriminação racial, sem recorrer a bombas ou outros métodos violentos. Muitas guerras estão prestes a irromper no planeta. Se você é realmente uma pessoa pacífica, precisa estar consciente desse fato e tentar o mais que puder, junto com sua comunidade, interromper essas guerras antes que elas se manifestem, causando uma extrema destruição. Precisamos aprender a meditar como nação, e não apenas como indivíduos, a fim de alcançar o tipo de discernimento que será capaz de acabar com a guerra e a violência.

Percepção coletiva

Conheço um rapaz que é vegetariano, não por ser fanático ou dogmático, mas por causa da plena consciência. Como seu pai discordava dessa atitude do filho, não havia harmonia nem alegria na casa deles. O rapaz sabia que não poderia deixar de ser vegetariano, porque ficaria muito infeliz se tivesse que comer a carne de um animal. Ele não podia mudar apenas para agradar o pai, mas também não queria que o ambiente na sua casa continuasse tenso. Em vez de ficar passivo, ele usou a inteligência.

Certo dia, ele levou um vídeo para casa e chamou a família para vê-lo. Era um documentário a respeito da matança de animais. O pai sofreu tanto ao ver os animais sendo abatidos, que também não quis mais comer carne. Em vez de usar a raiva para confrontar o pai, o rapaz agiu com bondade amorosa, sabedoria e inteligência. Ele foi capaz de convencer todos os membros da família a não comer a carne dos animais para que a compaixão pudesse ser alimentada dentro de cada um deles. O ato de mostrar o documentário foi extremamente hábil e repleto de amor. Através da ação habilidosa, você é capaz de conquistar uma grande vitória.

Como indivíduo, sua ação é limitada. Por isso você tem que se esforçar muito para tornar sua compreensão coletiva. No entanto, você não pode impô-la aos outros, nem forçá-los a aceitar sua idéia. Mesmo porque uma idéia é abstrata, enquanto a experiência é concreta e mais transformadora. É preciso então criar as condições necessárias para que os outros possam perceber aquilo que você compreendeu através de suas próprias experiências. Esse processo requer habilidade e paciência.

Ajudando o amor a reaparecer

Uma das irmãs em Plum Village é muito jovem, tem apenas vinte e dois anos. Ela foi capaz de ajudar uma mãe e uma filha a se reconciliarem logo depois de terem jurado que nunca mais iriam se ver. Num período de três horas, ela conseguiu ajudar as duas a resolver o conflito existente entre ambas. No final, mãe e filha praticaram a meditação do abraço. Elas se abraçaram delicadamente e inspiraram e expiraram conscientemente várias vezes. A prática envolve também a frase: "Ao inspirar, estou consciente de que estou viva. Ao expirar, tenho consciência de que a pessoa que eu amo está viva e abraçada a mim." Assim elas tomaram profundamente consciência da presença uma da outra e permaneceram em contato com o momento presente, dedicando-se inteiramente ao ato de se abraçarem. Foi tudo muito positivo e benéfico. A prática fez com que elas compreendessem que se amavam muito. Elas não sabiam que sentiam tanto amor uma pela outra porque o conflito as tinha impedido de falar e ouvir com compaixão.

O fato de a raiva estar presente não significa que a capacidade de amor e aceitação também não esteja. Se você conseguir meditar, buscando a paz, você pode ajudar o amor e o entendimento a ressurgirem em você e na outra pessoa. Por favor, nunca acredite que o amor não está presente em você, porque isso não é verdade. O amor está sempre em você, como a luz do sol que, mesmo quando chove, brilha acima das nuvens. Desse modo, se você não acredita que existe amor em você, se você só sente ódio pela outra pessoa, você está cometendo um erro. Muitas vezes, quando a outra pessoa morre, você chora, desejando que ela voltasse a viver para poderem se reconciliar, o que demonstra que o amor está presente. Você deve dar ao amor a chance de manifestar-se enquanto a outra pessoa ainda está viva. Para fazer o amor reaparecer, aprenda a lidar com sua raiva, através do entendimento e da compaixão. A pessoa mais beneficiada será você.

Evite fazer julgamentos

Suponha que você é professora de uma menina de cinco anos. Quando a mãe dela vai buscá-la na escola, você percebe que a mãe é agressiva e faz a menina sofrer. O que você pode fazer? Pode fazer muitas coisas. A criança ouvirá o que você tem a dizer para ajudá-la a compreender a mãe. Você também pode dar a ela a oportunidade de se expressar, contando as dificuldades que tem com a mãe. Você pode desempenhar para ela o papel de uma boa mãe que acolhe suas necessidades. Pode dizer a ela que é possível vocês duas ajudarem a mãe dela. Pode ensiná-la como agir e reagir nos momentos em que a mãe fica zangada e violenta, para evitar que a situação piore. É muito importante ajudar a menina, porque uma mudança nela ocasionará um efeito positivo na mãe.

Na qualidade de professora da menina, você também tem acesso à mãe dela. Com compaixão e discernimento, você será capaz de ajudar não apenas a criança agredida, mas também o pai e a mãe dela. Caso contrário, você estará apenas julgando que a mãe está errada e a filha, certa. Se você só culpar o comportamento abusivo da mãe, expressando sua desaprovação, não estará ajudando ninguém. Aja a partir da compaixão e do discernimento, pois, se não puder ajudar os pais – aqueles que você considera inimigos –, não poderá ajudar a criança. Os pais estão repletos de ignorância, de violência e de raiva, e é por isso que a filha deles sofre. Você precisa ter compaixão pelos pais. Você precisa descobrir as raízes do sofrimento deles. Nossos educadores precisam estar cientes desse fato e ajudar a cuidar dos pais para poderem cuidar dos filhos.

Servindo ao país

O governo francês está se esforçando para dar uma assistência aos jovens violentos. Os membros do governo compreendem que a violência e o sofrimento desses jovens são causados pela sociedade. Para saber como reagir, precisamos escutar e fazer um diagnóstico, como um médico. Temos que ouvir atentamente a sociedade, verificar por que os jovens se tornam tão violentos e irados. Se fizermos isso, veremos que as raízes dessa raiva e dessa violência encontram-se na família, na maneira como os pais conduzem sua vida diária. E as raízes da violência familiar são encontradas na forma como a sociedade é organizada e no modo como as pessoas consomem.

Os membros do governo também são pessoas. O governo é composto por pais, mães, filhos e filhas que também trazem em si mesmos a violência da sua família. Assim, se o primeiro-ministro francês não se examinar profundamente, não perceber a raiva, a violência e o sofrimento dentro de si mesmos, não será capaz de entender a violência, a raiva e a depressão da geração mais nova. Ele também precisa compreender os membros do seu governo, dos ministérios, e enxergar o sofrimento deles. Na qualidade de cidadãos, de governo, precisamos desenvolver uma ação que se baseie no entendimento.

Se nos dedicarmos a fazer um exame profundo a fim de perceber as raízes da raiva e da violência na nossa sociedade, teremos muita compaixão pelos nossos jovens. Saberemos que o fato de os prendermos e punirmos não irá ajudá-los. Como cidadãos, precisamos ajudar a aprofundar esse tipo de discernimento. Na qualidade de educadores, pais, artistas, escritores, temos que praticar o mais possível o entendimento e a compaixão para construir uma nação de pessoas felizes e saudáveis.

8

David e Angelina: A Energia Habitual da Raiva

Era uma vez um jovem chamado David. Ele era muito bonito e bastante inteligente. Nascera numa família rica e tinha tudo de que precisava para ser bem-sucedido. Mas ele não conseguia ser feliz. Tinha muitos problemas com os pais, os irmãos, as irmãs, e não sabia se comunicar. Como era muito egoísta, sempre culpava o pai, a mãe e os irmãos pela sua infelicidade. Era infeliz por não ser capaz de sentir amor e compreensão. Conseguia fazer amigos por alguns dias, mas logo eles o deixavam, porque era muito difícil conviver com ele. Era um jovem muito arrogante, extremamente egocêntrico, sem nenhuma compreensão e compaixão.

Certo dia, ele foi a um templo budista com a intenção de fazer novos amigos, porque a vida sem nenhum amigo se tornara um inferno. Quando chegou ao templo, passou por um grupo de pessoas que estavam saindo e viu entre elas uma linda moça. A imagem dela o tocou profundamente e ele se apaixonou à primeira vista. Voltou-se então para seguir o grupo, mas, quando conseguiu sair do templo, a bela moça tinha desaparecido.

Depois de procurar por toda parte, ele voltou para casa com aquela linda imagem no coração. Não conseguiu dormir naquela noite nem na noite seguinte. Na terceira noite, viu em sonho um bonito velho de barba branca, que lhe disse: "Se você quiser encontrá-la, vá ao mercado oriental hoje." Ao meio-dia ele saiu para procurar a jovem.

Não havia muitas pessoas no mercado oriental quando o jovem chegou. Ele entrou então numa livraria e, ao olhar em volta, viu o quadro de uma bela jovem pendurado na parede. Era a mesma moça que ele vira três dias antes no templo. O velho dissera no sonho que ele encontraria a jovem no mercado, mas talvez ele estivesse se referindo ao quadro. "Pode ser que eu só mereça uma imagem", pensou David. "Eu não mereço a realidade." Assim, ele gastou todo o dinheiro que tinha comprando o quadro. Pendurou-o depois na parede do seu quarto na universidade.

David era uma pessoa solitária. Muitas vezes, em vez de ir ao restaurante do campus, ele ficava no quarto e comia macarrão instantâneo. Naquele dia, ele preparou duas tigelas de macarrão e pegou dois pares de pauzinhos. A segunda tigela era para a moça do quadro. Ele comeu o macarrão, olhando de vez em quando para a pintura e convidando a jovem para comer também.

Sabemos que existem pessoas que não conseguem se comunicar com seres humanos. Elas têm um gato ou um cachorro para poder derramar sobre eles o amor e o carinho que guardam dentro de si. Muitas acham mais fácil amar um gato ou um cachorro porque eles nunca discordam, e, se elas dizem alguma coisa desagradável, eles não reagem. O mesmo acontecia com David. Ele conseguia viver em paz com a moça do quadro, mas, se a verdadeira jovem estivesse presente, talvez ele não fosse capaz de viver com ela por mais de vinte e quatro horas.

Certo dia, ele não conseguiu comer todo o macarrão. A vida parecia não ter nenhuma graça e ele chegara ao seu limite. Naquele momento, olhou para o quadro, perguntando-se:

"Para que serve viver?", e viu a moça piscar os olhos e sorrir. Ele achou que estava sonhando. Esfregou os olhos, olhou de novo para o quadro e a moça estava absolutamente imóvel. Alguns dias depois, ele viu a jovem sorrir e piscar os olhos de novo. Extremamente surpreso, ele continuou a olhar para ela e, de repente, a moça se transformou numa pessoa de verdade e saiu do quadro. O nome dela era Angelina, porque ela vinha do céu. É impossível descrever a felicidade de David. Ele estava no paraíso. O que poderia ser mais maravilhoso do que ter como amiga uma moça tão bonita?

Talvez você já tenha adivinhado o resto da história. Ele não conseguiu ser feliz nem com uma pessoa tão pura e doce como Angelina, e três ou quatro meses depois ela o abandonou. Certa manhã, ele acordou e encontrou um bilhete onde estava escrito: "David, é impossível viver com você. Você é egocêntrico demais, não tem capacidade de ouvir ninguém. Você é inteligente, bonito e rico, mas não sabe manter um relacionamento com outro ser humano." Naquela manhã, David teve vontade de se matar. Achou que, se não conseguia viver com uma moça tão doce e bonita, não devia valer mesmo nada. Procurou então uma corda para se enforcar.

Oferecendo o incenso do coração

Enquanto David estava dando um nó na corda, ele se lembrou que certa vez Angelina tinha sorrido e dito: "David, se um dia eu não estiver mais por perto e você sentir muitas saudades de mim, acenda um incenso." Naquele dia, ela conseguira convencê-lo a acompanhá-la ao templo para ouvir uma palestra sobre o darma. Lá, o monge explicou como comunicar-se oferecendo incenso. Quando queimamos incenso, queremos nos comunicar com o Buda, com o Bodisatva, com nossos ancestrais. Se conseguimos nos comunicar com nossos antepassados, também podemos nos comunicar com nossos irmãos e irmãs que estão à nossa volta. O monge disse que o incenso que oferecemos deve ser o incenso do nosso coração: o incenso da plena consciência, o incenso da concentração, o incenso da sabedoria, o incenso do compreensão. David, sentado ao lado de Angelina, não prestava muita atenção. No entanto, ele ouviu o suficiente para se lembrar do evento. Quando os dois deixaram o templo, Angelina disse: "David, se algum dia você quiser entrar em contato comigo, ofereça um incenso."

Ao se lembrar das palavras dela, ele largou a corda, correu para a loja mais próxima e comprou um feixe de incenso. David acendeu o feixe todo e, em poucos minutos, o quarto estava cheio de fumaça. Esperou quinze minutos, meia hora, uma hora, mas Angelina não apareceu. Ele se lembrou então do que o monge dissera: "Para que a verdadeira comunicação seja possível, vocês têm que oferecer o incenso do coração, ou seja, o incenso da plena consciência. O incenso da concentração, o incenso da compreensão." Queimar o incenso sem estar plenamente consciente não daria certo.

David ficou sentado e, pela primeira vez, refletiu profundamente sobre sua situação. Percebeu que fracassara com todos, até com Angelina, e começou a ver que sempre culpara as outras pessoas pelo seu sofrimento. Esta foi a primeira vez em que ele percebeu que tinha sido injusto com os pais e que era responsável pela falta de comunicação.

Pela primeira vez, lágrimas correram pelo seu rosto e ele realmente se arrependeu da maneira como havia tratado os pais, irmãos, irmãs e amigos. Lembrou-se do dia em que chegara tarde da noite em casa, bêbado, batera em Angelina e a violentara. Ele pensou em tudo isso e, de repente, uma gota de compaixão penetrou em seu coração repleto de sofrimento e aflição. Quanto mais ele chorava, mais seu coração se renovava. Uma transformação teve lugar dentro dele. Ele começou a entender o que Angelina tinha tentado lhe dizer a respeito da prática de ouvir profundamente e usar palavras amorosas. Sentiu vontade de recomeçar e disse para si mesmo que, se Angelina voltasse, ele seria uma pessoa diferente. "Saberei tomar conta dela e tornar possível a felicidade." Naquele momento, ouviu baterem na porta. Angelina estava de volta. Embora David mal tivesse praticado durante uma hora, sua transformação foi profunda.

David e Angelina estão entre nós

Não pense você que David é apenas um personagem de uma história, uma pessoa do passado. Não. David ainda está vivo e se encontra entre nós. Angelina também. Todos nós conhecemos pessoas iguais a eles, ou com algum aspecto deles. David sempre culpava os outros pela sua infelicidade. Ele fazia sofrer as pessoas mais próximas. Apesar de não querer que elas fossem infelizes, o hábito era tão forte, que ele não conseguia evitar suas atitudes. Como todos nós, ansiava pela compreensão de outro ser humano, alguém que pudesse ficar ao seu lado, que o entendesse e ajudasse nas dificuldades da vida.

Assim, não é difícil entender David. Compreendemos seu desejo mais profundo, entendemos suas dificuldades. Um dia, Angelina entrou em sua vida. De vez em quando, uma sorte dessas nos acontece: uma pessoa muito agradável passa a fazer parte da nossa vida e, se soubermos cuidar dela, nossa vida adquire mais significado. Mas, se não soubermos tomar conta de nós mesmos e da energia que existe em nossos hábitos, não saberemos cuidar da nossa Angelina. É por esse motivo que as Angelinas nos deixam, por sofrerem muito com o nosso comportamento.

Angelina é talentosa. Ela sabe como fazer uma pessoa feliz. Mas quando não reconhecemos isso, quando não a escutamos nem procuramos compreendê-la, ela vai embora. Talvez você seja Angelina e saiba como foi difícil viver com seu David, embora você tenha feito o melhor que pôde para ajudá-lo. Ele não foi capaz de reconhecer o que você tinha de bom para oferecer, pois a energia habitual dele o forçou a continuar vivendo e consumindo de um jeito que envenenava seu corpo e sua mente. Talvez ele tenha se embebedado todas as noites e, por mais que você implorasse, não conseguia parar de beber. Por mais que você tentasse ser doce e paciente, ele sempre a interrompia, não permitindo que você terminasse a frase. Ele nunca foi capaz de ouvir você. Você foi paciente, mas tem seus limites. A comunicação era impossível, de modo que você desistiu.

Onde está agora sua Angelina?

Quem é David e quem é Angelina? Eu gostaria que você respondesse a essa pergunta. Você é David? Então, onde está agora sua Angelina? Ela ainda está com você ou o deixou? O que você fez a ela? Como a tratou? Você cuidou bem dela? Foi capaz de fazê-la feliz? Temos que fazer a nós mesmos essas perguntas, pois elas são muito importantes e nos ajudam a realizar um exame profundo.

Esta é uma verdadeira meditação. David pode ser seu parceiro. Angelina pode ser sua parceira. Angelina pode ser homem ou mulher. David também. Angelina entrou na sua vida. No início, você se sentia muito feliz ao lado dela, adorava a presença dela. Achava que não poderia viver sem ela. Mas rapidamente você deixou de sentir que Angelina era o presente da vida para você. Você a fez sofrer tanto, que ela o abandonou. Certa ocasião, ela pediu que você usasse palavras amorosas, ouvisse profundamente, se associasse a pessoas boas e não àquelas que regavam as sementes negativas dentro de você. Mas você nunca a ouviu. Você continuou com seu modo de vida, pressionado pela energia do hábito, e por esse motivo ela teve que ir embora.

Sua Angelina pode ser um dos seus filhos. Eles entraram na sua vida. Como você os tratou? Você é capaz de viver com seus filhos em paz, com amor e harmonia? Ou você está tendo dificuldades com sua Angelina? Talvez sua Angelina tenha ido embora de casa. Na história, David estava prestes a cometer suicídio depois da partida de Angelina. Mas aí ele se lembrou da palestra que ouvira sobre a prática da comunicação através do incenso e, de repente, o desespero se transformou em esperança. Ele acreditou que, se oferecesse o incenso da plena consciência, Angelina voltaria para ele. Ele teve a oportunidade de parar, pensar e examinar a vida que levara até então.

O recomeço

Nosso cotidiano é muito corrido e atarefado. Não temos capacidade nem oportunidade de parar e fazer um exame profundo da nossa vida. Precisamos olhar para trás e fazer uma análise profunda para poder compreender o que está acontecendo. David ficou sentado durante quarenta e cinco minutos no quarto, examinando sua vida. Ele alcançou um grande entendimento e lágrimas começaram a rolar pelo seu rosto. Ele chorou pela primeira vez na vida porque reconheceu a energia do hábito que o movia e o dano que havia causado às pessoas que o cercavam: os pais, os amigos, os irmãos e ele próprio.

Precisamos praticar diariamente a meditação, mas será que estamos convencidos disso? Na meditação, você precisa ver como as coisas se deterioraram entre você e Angelina: como você a tratou, como a fez sofrer e por que ela o deixou. A compreensão que você conquistar lhe dirá exatamente o que fazer e o que não fazer. É possível oferecer o incenso do coração e chamar de volta sua Angelina. Angelina está sempre presente. O amor ainda ocupa o coração dela. Ela está pronta para perdoar, se você souber queimar o incenso do coração, o incenso da plena consciência, da concentração e do entendimento.

Talvez você seja uma pessoa de sorte, porque mais de uma Angelina entrou na sua vida. Seu parceiro, seu filho, sua filha, seu pai, sua mãe, alguns amigos são suas Angelinas. Chame essas várias Angelinas pelo nome. Não diga que nenhuma Angelina surgiu na sua vida. Isso não é verdade. Sente-se conscientemente e chame em silêncio o nome da pessoa: "Minha Angelina, sinto muito. Você entrou na minha vida e eu fiz você sofrer. Ao mesmo tempo, também causei sofrimento a mim mesmo. Eu não tinha essa intenção. Eu fui inábil. Eu não sabia como me proteger e proteger você, através da prática da plena consciência. Quero recomeçar." Se você realmente praticar dessa maneira, Angelina voltará para você.

Protegendo minha Angelina

Eu também sou um David. Há muitas Angelinas na minha vida. Na minha pequena sala de meditação, tenho uma foto de cerca de cem das minhas Angelinas – são meus alunos e alunas que residem nos nossos centros de prática na França e nos Estados Unidos. Antes de praticar a meditação sentada, eu sempre olho para a foto e faço uma reverência para todas as minhas Angelinas. Em seguida, eu me sento e prometo viver de uma maneira que fará com que minhas Angelinas nunca me deixem. Prometo praticar a linguagem consciente, os treinamentos da plena consciência e não trair minhas Angelinas. Ao fazer isso, evito causar sofrimento a elas e sou capaz de torná-las felizes. Isso me deixa muito alegre.

9

Abraçando a Raiva com Plena Consciência

Os nós da raiva

Existem na nossa consciência blocos de dor, raiva e frustração chamados formações internas, ou nós, porque nos amarram e impedem nossa liberdade.

Quando alguém nos insulta, ou faz alguma coisa que nos desagrada, cria-se uma formação interna na nossa consciência. Se você não sabe como desfazer e transformar o nó interno, ele permanecerá em você um longo tempo, e, na próxima vez que alguém disser ou fizer com você alguma coisa parecida, essa formação interna se fortalecerá. Por serem nós ou blocos de dor dentro de nós, essas formações internas têm o poder de nos pressionar, de determinar nosso comportamento.

Depois de algum tempo, fica muito difícil transformar ou desfazer os nós. Cada um de nós possui formações internas das quais precisamos cuidar. Através da prática da meditação, podemos desfazer esses nós e vivenciar a transformação e a cura.

Nem todas as formações internas são desagradáveis. Existem também formações internas agradáveis, mas que também podem nos causar sofrimento. O prazer que você sente quando prova, ouve ou vê determinada coisa pode se tornar um forte nó interno. Quando o objeto do seu prazer desaparece, você sente falta dele e começa a procurá-lo. Você gasta muito tempo e energia tentando reproduzir a sensação. Se você fuma maconha ou bebe álcool, e começa a gostar de um dos dois, uma formação interna é criada no seu corpo e na sua mente. Você não consegue tirá-la da cabeça. Você sempre vai querer mais. O nó interno passa a pressionar e controlar você, tirando a sua liberdade.

A paixão é uma grande formação interna. Quando está amando, você só pensa na outra pessoa e deixa de ser livre. Você não consegue fazer nada, só pensando no objeto do seu amor. Dessa forma, o amor também pode ser um nó interno.

Sejam eles agradáveis ou desagradáveis, os dois tipos de nós tiram nossa liberdade. É por isso que devemos proteger o corpo e a mente com muito cuidado, para evitar que esses nós criem raízes em nós. As drogas, o álcool e o cigarro podem criar formações internas em nosso corpo, e a raiva, o desejo intenso, o ciúme e o desespero são capazes de gerar formações internas na nossa mente.

O treinamento da agressão

A raiva é uma formação interna, e como ela nos causa sofrimento, fazemos um grande esforço para nos libertarmos dela.

As pessoas que utilizam técnicas como espancar o travesseiro ou gritar estão, como já dissemos, ensaiando a raiva. Quando alguém extravasa a raiva batendo no travesseiro, essa pessoa está adquirindo um hábito perigoso. Ela está exercitando a agressão. Em vez disso, nós escolhemos gerar a energia da plena consciência e abraçar a raiva todas as vezes que ela se manifesta.

Tratando a raiva com ternura

A plena consciência não combate a raiva ou o desespero. O objetivo da plena consciência é fazer um reconhecimento.

Estar consciente de algo significa reconhecer que uma coisa existe no momento presente. A plena consciência é a capacidade de perceber o que está acontecendo no momento presente. "Ao inspirar, tomo conhecimento de que a raiva se manifestou em mim; ao expirar, eu sorrio para minha raiva." Este não é um ato de repressão ou luta. É um ato de reconhecimento. Quando reconhecemos nossa raiva, nós a abraçamos com muita consciência e ternura.

Quando está frio no nosso quarto, ligamos o aquecedor e ele começa a enviar ondas de ar quente. O ar frio não precisa sair do aposento para que o lugar fique aquecido. O ar frio é abraçado pelo ar quente e fica tépido – não há luta entre os dois.

A prática de cuidar da raiva é semelhante. A plena consciência reconhece a raiva, percebe que ela existe, aceita-a e permite que ela esteja presente. A plena consciência é como o irmão mais velho que não reprime o sofrimento do irmão mais novo. Ele simplesmente diz: "Querido irmão. Estou aqui do seu lado." Você pega nos braços seu irmão mais novo e o consola. A nossa prática é exatamente assim.

Imagine uma mãe que fica zangada quando o bebê chora e bate nele. Essa mãe não sabe que ela e o bebê são um só. Vou repetir: nós somos a mãe da nossa raiva e temos que ajudar nosso bebê, a raiva, em vez de combatê-la ou destruí-la. Tanto a raiva quanto a compaixão estão dentro de nós. Meditar não significa lutar. No budismo, a prática da meditação deve ser a prática de abraçar e transformar, e não de lutar.

Usando a raiva, usando o sofrimento

Para cultivar a árvore da iluminação, precisamos fazer bom uso da nossa angústia e do nosso sofrimento. É como o cultivo de uma flor de lótus, que não pode se desenvolver no mármore. Não podemos cultivar uma flor de lótus sem lama.

Aqueles que praticam a meditação não se colocam contra suas formações mentais nem as rejeitam. Não se transformam em campos de batalha nos quais o bem combate o mal. Tratam sua angústia, sua raiva, seu ciúme com muita ternura. Lembre-se e pratique até se tornar uma reação instintiva: quando a raiva surgir dentro de você, comece imediatamente a praticar a respiração consciente: "Ao inspirar, sei que a raiva está dentro de mim. Ao expirar, estou cuidando bem da minha raiva." Comporte-se como uma mãe amorosa: "Ao respirar, sei que meu bebê está chorando. Ao soltar o ar, cuidarei bem do meu bebê." Esta é a prática da compaixão.

Se você não sabe como tratar-se com compaixão, como pode tratar outra pessoa dessa maneira? Quando a raiva surgir, continue a praticar a respiração consciente e o andar consciente para gerar a energia da plena consciência. Continue a abraçar com ternura a energia da raiva dentro de você. A raiva pode perdurar durante algum tempo, mas você está a salvo, porque o Buda está em você, ajudando você a cuidar bem da sua raiva. A energia da plena consciência é a energia do Buda. Quando você pratica a respiração consciente e abraça sua raiva, você está sob a proteção do Buda. Não existe nenhuma dúvida a respeito disso: o Buda está abraçando você e sua raiva com muita compaixão.

Dando e recebendo a energia da plena consciência

Quando você se zanga, quando você sente desespero, você pratica a respiração consciente e o andar consciente para gerar a energia da plena consciência. Essa energia permite que você reconheça e abrace seus sentimentos dolorosos. E se sua plena consciência não for suficientemente forte, você pede a um irmão ou irmã de prática para se sentar perto de você, respirar com você, andar com você e dar-lhe apoio com a energia da plena consciência dele ou dela.

Praticar a plena consciência não significa que você tenha que fazer tudo isoladamente. Você pode praticar com o apoio dos amigos. Eles podem gerar bastante energia de plena consciência para ajudar você a cuidar das suas emoções fortes.

Também podemos apoiar outras pessoas com a nossa plena consciência quando elas estão em dificuldades. Quando nosso filho está tomado por uma profunda emoção, podemos segurar a mão dele e dizer: "Meu amor, respire. Inspire e expire com a sua mãe, com o seu pai." Também podemos convidar nosso filho para praticar conosco a meditação andando, pegando suavemente a mão dele e, a cada passo, ajudando-o a se acalmar. Quando você der a seu filho parte da sua energia de plena consciência, ele conseguirá se acalmar muito rápido e abraçar as emoções que estiver sentindo.

Reconhecendo, abraçando, aliviando o sofrimento da raiva

Mais uma vez: a primeira função da plena consciência não é lutar, é reconhecer. "Ao inspirar, eu sei que a raiva se manifestou em mim. Olá, minha amiga raiva." E ao expirar: "Vou cuidar bem de você."

Depois de reconhecer nossa raiva, nós a abraçamos. Esta é a segunda função da plena consciência e trata-se de uma prática muito agradável. Em vez de lutar, estamos cuidando bem da nossa emoção. Se você souber abraçar sua raiva, alguma coisa irá mudar.

Dissemos muitas vezes que é como se você estivesse cozinhando batatas. Você tampa a panela e espera a água ferver. Você precisa manter o fogo ligado pelo menos durante vinte minutos para as batatas ficarem cozidas. Sua raiva é uma espécie de batata: é preciso um tempo de cozimento para que não seja comida crua.

A plena consciência é como o fogo que cozinha as batatas da raiva. Os primeiros minutos em que você reconhece e abraça com ternura sua raiva já podem trazer algum resultado, que lhe dá um pouco de alívio. A raiva ainda está presente, mas você já não sofre tanto, porque sabe como cuidar do seu bebê. Assim, a terceira função da plena consciência é acalmar, aliviar. A raiva existe, mas você está cuidando dela. A situação não é mais caótica, o bebê não está mais chorando sozinho. A mãe está cuidando dele e a situação fica sob controle.

O porão e a sala de estar

Vamos representar a nossa consciência como uma casa. Podemos identificar duas partes: o porão é a consciência de armazenagem e a área social é a consciência da mente. As formações internas, como a raiva, encontram-se na consciência de armazenagem – no porão – sob a forma de uma semente. Quando ouvimos, vemos, lemos ou pensamos em algo que toque a semente, ela se manifesta no nível da mente consciente – a sala de estar –, fazendo a atmosfera da sala ficar pesada e desagradável. Quando a energia da raiva se faz presente, nós sofremos.

Sempre que a raiva se manifesta, o praticante de meditação imediatamente convida a energia da plena consciência também a se manifestar, através da prática do andar ou da respiração conscientes. Desse modo, outra zona de energia – a energia da plena consciência – é criada, restabelecendo a leveza da sala de estar. É extremamente importante aprender a prática de andar, respirar, fazer qualquer atividade do nosso cotidiano com plena consciência. Desse modo, sempre que uma energia negativa se manifestar, saberemos como gerar a energia da plena consciência para abraçá-la e cuidar dela.

A mente também precisa de uma boa circulação

Nosso corpo contém toxinas e, quando o sangue não circula bem, essas toxinas se acumulam em certos lugares. Para permanecer saudável, nosso organismo precisa expelir essas toxinas. A massagem estimula a circulação do sangue. Quando o sangue circula bem, ele é capaz de nutrir órgãos como os rins, o fígado e o pulmão para que eles possam expulsar as toxinas do corpo. Por conseguinte, é importante termos uma boa circulação. Beber muita água e praticar a respiração profunda também ajuda a expelir toxinas do corpo, através da pele, do pulmão, da urina e das fezes. Todas as práticas que ajudam a eliminar toxinas do nosso sistema são extremamente importantes.

Suponhamos agora que certa parte do meu corpo esteja doendo muito, porque uma grande quantidade de toxinas se acumulou nesse local. Esse ponto é doloroso cada vez que o tocamos, como também causa dor quando tocamos um nó interno na mente. Quando nos dedicamos à prática da plena consciência, usamos essa energia para massagear uma formação interna. Você pode ter um bloco de sofrimento, dor, mágoa ou desespero em você, e ele é uma toxina na sua consciência. Você precisa praticar a plena consciência para poder abraçar e transformar essa toxina.

Abraçar a dor e a mágoa com a energia da plena consciência é exatamente a prática de massagear a nossa consciência, tal como fazemos com o nosso corpo. A circulação da nossa consciência pode estar deficiente. Quando o sangue não circula bem, nossos órgãos não conseguem funcionar adequadamente e nossa mente adoece. A plena consciência é uma energia que estimula e acelera a circulação através dos blocos de dor.

Ocupando a sala de estar

Nossos blocos de dor, mágoa, raiva e desespero sempre querem subir para a consciência da mente – a sala de estar –, porque cresceram e precisam da nossa atenção. Eles querem emergir, mas não queremos que isso aconteça, porque sentimos dor ao olhar para eles. Tentamos então obstruir seu caminho, querendo que eles continuem adormecidos no porão. Como não desejamos enfrentá-los, enchemos a sala de estar com outros convidados. Mas acontece que sempre que temos dez ou quinze minutos de tempo livre, e não sabemos o que fazer, esses nós internos conseguem subir e fazem uma enorme bagunça na sala de estar. Para evitar que isso aconteça, pegamos um livro, ligamos a televisão, chamamos gente, vamos dar uma volta de carro, fazemos qualquer coisa para encher de novo nossa sala de estar de convidados porque, quando ela está ocupada, as formações internas de que temos medo não conseguem sair do porão. Temos mesmo muito medo, porque acreditamos que, se as deixarmos circular e subir, vamos sofrer muito.

Mas as formações mentais precisam circular, e quando as impedimos continuamente, criamos uma má circulação na nossa psique, o que faz aparecer os sintomas de doenças mentais e de depressão. Eles se manifestam tanto no corpo quanto na mente.

Às vezes, quando temos dor de cabeça, tomamos aspirina, mas a dor não passa. Esse tipo de dor de cabeça pode ser sintoma de uma doença mental. De vez em quando temos crises de alergia e pensamos que se trata de um problema físico, mas a alergia também pode ser sintoma de um doença mental. Se tomamos remédios para eliminar os sintomas, deixamos de tomar contato com nossas formações internas, o que só faz piorar a doença.

Como fazer os convidados indesejáveis se sentirem em casa

Quando removemos os obstáculos e os blocos de dor conseguem subir, sofremos com isso. Não há como evitar esse sofrimento, e foi por esse motivo que o Buda disse que temos que aprender a abraçar a dor através da prática da plena consciência. Com isso, geramos uma forte fonte de energia para reconhecer, abraçar e cuidar das energias negativas, dos nós internos. Depois de serem abraçados durante algum tempo, eles voltarão ao porão e se tornarão de novo sementes.

Sempre que você envolve seus nós internos com a plena consciência, os blocos de dor se tornam mais leves e menos ameaçadores. Por isso, envolva todos os dias sua raiva, seu desespero e seu medo com a plena consciência – dedique-se a esta prática. Quando a plena consciência não está presente, é muito desagradável receber a visita dessas sementes, mas, se você souber gerar a energia da plena consciência, será muito benéfico convidá-las para subir todos os dias e abraçá-las. Depois de convidá-las para subir durante vários dias ou semanas e ajudá-las a descer de novo, você cria uma boa circulação na sua psique e os sintomas da doença mental começam a desaparecer.

Não tenha medo dos seus nós de sofrimento. Deixe que a plena consciência os massageie, para que eles circulem, e você possa abraçá-los e transformá-los.

10

A Respiração Consciente

Respire para cuidar da raiva

Quando a energia da raiva, do ciúme ou do desespero se manifesta em nós, devemos saber como lidar com ela, caso contrário seremos esmagados e sofreremos intensamente. *A respiração consciente é a prática que pode nos ajudar a cuidar das nossas emoções.*

Inicialmente, para cuidar bem das emoções, temos que aprender a cuidar bem do corpo. Ao nos tornarmos conscientes da inspiração e da expiração, nós nos conscientizamos do nosso corpo. "Ao inspirar, tomo consciência de todo o meu corpo; ao expirar, tomo consciência de todo o meu corpo." Volte-se para o seu corpo. Abrace-o com a energia da plena consciência gerada pela prática da respiração consciente.

Na vida do dia-a-dia, podemos estar muito ocupados cuidando de várias coisas e esquecemos como nosso corpo é importante. Ele pode estar sofrendo ou doente. Devemos portanto saber como tomar novamente contato com nosso corpo a fim de abraçá-lo com ternura, com plena consciência. A mãe segura carinhosamente o bebê nos braços, concentra-se nele, cuida dele. É isso o que precisamos fazer com nosso corpo. Depois de envolvê-lo como um todo, começar a abraçar as diferentes partes dele, uma por uma – os olhos, o nariz, o pulmão, o coração, o estômago, os rins, e assim por diante.

O relaxamento profundo para abraçar e curar a raiva

A melhor posição para praticar é a posição deitada. Você concentra a atenção numa parte do corpo, como o coração. Ao inspirar, você se conscientiza do coração e, ao expirar, você sorri para ele, enviando amor e ternura.

A energia da plena consciência é como um raio de luz que pode nos mostrar claramente cada parte do corpo. Chamamos essa prática de Relaxamento Profundo (ver o texto referente ao Relaxamento Profundo no Apêndice D). Outra frase que pode ser usada na respiração consciente é a seguinte: "Ao inspirar, todo o meu corpo se acalma; ao expirar, todo o meu corpo se acalma." Seu corpo pode estar agitado e tenso, e o fato de você abraçá-lo com a energia da plena consciência pode ajudá-lo a relaxar e ficar novamente tranqüilo. Quando o corpo funciona com tranqüilidade, ele começa a se curar, o que ajuda a mente a relaxar e também ficar curada.

Quando estamos com medo de alguma coisa ou com raiva, nossa respiração se torna superficial, curta, agitada e sua qualidade é muito baixa. Mas se você sabe como inspirar e expirar com plena consciência, acalmando a respiração, em poucos minutos ela apresentará uma melhora. Ela se tornará leve, mais profunda e harmoniosa, e sua mente começará a se acalmar.

Assim como a meditação, a respiração também é uma arte. Você precisa ter muita habilidade ao lidar com a inalação e a exalação, para que a harmonia possa se restabelecer no seu corpo e na sua mente. Depois que a respiração se torna mais calma e profunda, você pode continuar a respirar dessa maneira para abraçar diferentes partes do corpo.

Então, enquanto estiver na posição deitada, pratique a respiração consciente e gere a energia da plena consciência. Examine o corpo com o raio amoroso da plena consciência do alto da cabeça à sola dos pés. O exame pode demorar meia hora, e é a melhor maneira de você demonstrar seu cuidado, seu amor e sua atenção ao corpo.

Cada um de nós deve ser capaz de fazer esse exercício pelo menos uma vez por dia. Procure organizar-se todos os dias e faça o relaxamento isoladamente, num lugar tranqüilo, ou convide toda a família a deitar confortavelmente no chão e praticar o relaxamento completo durante meia hora. No início, você pode tocar uma fita para guiar toda a família nessa prática. Mais tarde, um de vocês pode liderar a prática, ajudando todos a acalmar e cuidar do corpo.

Você consegue sobreviver à tempestade

Existem vários métodos simples para cuidar das emoções intensas. Um deles é a respiração abdominal. Quando forem tomados por uma forte emoção, como o medo ou a raiva, levem a atenção para o abdômen. Permanecer no nível do intelecto é perigoso, porque as emoções intensas são como uma tempestade, e ficar no meio de uma tormenta é muito arriscado. No entanto, é isso que quase todos nós fazemos quando remoemos os problemas e sofrimentos na mente, deixando que os sentimentos nos esmaguem. Em vez disso, temos que nos estabilizar levando a atenção para baixo. Focalizem a região do ventre e pratiquem a respiração consciente, dedicando integralmente sua atenção ao subir e descer o abdômen. Podemos fazer essa respiração sentados ou deitados.

Quando olhamos para uma árvore durante uma tempestade, vemos que o topo da árvore é extremamente instável e vulnerável. O vento pode quebrar a qualquer momento os galhos mais altos. Mas quando examinamos o tronco, nossa impressão é diferente. Percebemos que a árvore é bem sólida e imóvel, e sabemos que ela conseguirá resistir à tempestade. Nós somos como a árvore. Nossa cabeça é como o topo da árvore e, por isso, durante a tempestade de uma forte emoção, temos que levar a atenção para o nível do umbigo e começar a praticar a respiração consciente, concentrando-nos exclusivamente na respiração e no subir e descer do abdômen. Trata-se de uma prática muito importante porque ela nos ajuda a ver que, embora uma emoção possa ser muito intensa, ela fica conosco durante algum tempo e depois vai embora. As emoções não duram para sempre. Tenha certeza: se você se exercitar nessa prática nos momentos difíceis, você sobreviverá à tempestade.

Você precisa estar consciente de que sua emoção é apenas uma emoção. Ela vem, fica com você algum tempo e depois vai embora. Por que alguém deveria morrer por causa de uma emoção? *Você é mais do que suas emoções.* É muito importante se lembrar disso. Durante uma crise, quando você inspirar e expirar, permaneça consciente de que a emoção irá embora se você continuar a praticar. Depois de ter êxito algumas vezes, você passará a confiar em si mesmo e na prática. Não vamos nos deixar dominar pelos nossos pensamentos e sentimentos. Vamos levar a atenção para o abdômen e inspirar a expirar. Não tenha medo e repita para si que a tempestade irá embora.

Reconhecendo e abraçando as formações mentais

Abraçamos o corpo com plena consciência a fim de acalmá-lo. Podemos fazer a mesma coisa com as formações mentais: "Ao inspirar, estou consciente das minhas formações mentais. Ao expirar, estou consciente das minhas formações mentais." Na psicologia budista existem cinqüenta e uma formações mentais, das quais algumas são negativas, como a raiva, o desejo intenso e o ciúme, e outras são positivas, como a plena consciência e a serenidade de espírito.

Quando vivenciamos uma formação mental positiva como a alegria ou a compaixão, devemos inspirar e expirar para nos conscientizarmos da alegria e da compaixão existentes em nós. Quando abraçamos a alegria e a compaixão com a respiração consciente, essas emoções se multiplicam dez ou vinte vezes. A respiração consciente nos ajuda a sustentá-las por um período mais longo e vivenciá-las mais profundamente. Por isso, é muito importante abraçar nossas formações mentais positivas, como a alegria, a felicidade e a compaixão, quando surgem, porque elas são uma espécie de alimento que nos ajuda a crescer. Nós nos referimos à "alegria da meditação como um alimento diário", porque o sentimento de alegria que surge com a meditação – com a plena consciência – nos alimenta e nos sustenta.

Da mesma maneira, quando a formação mental que surge é negativa, como a raiva ou o ciúme, devemos nos voltar para nós mesmos e abraçar essa formação negativa com ternura, acalmando-a com a respiração consciente, como uma mãe tranqüilizaria o filho febril. Assim: "Ao inspirar, eu acalmo minhas formações mentais. Ao expirar, eu acalmo minhas formações mentais."

As sementes da raiva, as sementes da compaixão

Freqüentemente chamamos a consciência de solo. As sementes de todas as formações mentais estão enterradas na nossa consciência de armazenagem. Essas formações mentais nascem, surgem na consciência da mente, que é o nível superior da consciência, permanecem lá um certo tempo e depois voltam à consciência de armazenagem sob a forma de sementes.

Nossa compaixão também se encontra na consciência de armazenagem sob a forma de semente. Sempre que tocamos ou regamos uma semente, ela brota e se manifesta na consciência da mente. Se uma semente positiva, como a da alegria ou da compaixão, é regada e se manifesta, ela nos fará sentir felizes. Mas se uma semente negativa, como a semente do ciúme, for regada e se manifestar, ela nos trará infelicidade. Enquanto nossa alegria ou nossa raiva está enterrada no solo – na consciência – e ninguém a toca, nós a chamamos de semente, mas, quando ela se manifesta na consciência da mente, nós a chamamos de formação mental. Temos que reconhecer a raiva em ambas as formas: como semente na nossa consciência de armazenagem e como formação mental, uma zona ativa de energia que surge na consciência da nossa mente. Precisamos compreender que mesmo quando a raiva não se manifesta ela está presente.

Todo mundo tem uma semente de raiva nas profundezas da consciência. Quando essa semente não se manifesta, você não sente raiva. Você se sente bem, com boa disposição, sua aparência e sua comunicação são ótimas. Mas isso não significa que a raiva não está em você. Ela pode não estar se manifestando na consciência da mente, mas está sempre presente na consciência de armazenagem. Se alguém faz ou diz alguma coisa que toca a semente da raiva em você, ela deixará o porão e se manifestará rapidamente na sala de estar.

O bom praticante não é a pessoa desprovida de raiva ou sofrimento. Isso não é possível. O bom praticante é aquele que sabe cuidar da raiva e do sofrimento assim que eles surgem. A pessoa que não pratica os ensinamentos não sabe como lidar com a energia da raiva quando ela se manifesta e pode ser facilmente dominada por esse sentimento.

No entanto, quando vivemos de um modo consciente, não

permitimos que a raiva tome conta de nós. A respiração e o andar conscientes nos ajudarão a fazer isso.

A energia do hábito e a respiração consciente

Todos temos em nós a energia do hábito. Somos suficientemente inteligentes para saber que, se fizermos ou dissermos alguma coisa baseados na energia do hábito, causaremos dano aos nossos relacionamentos. No entanto, mesmo sendo inteligentes, somos capazes de dizer ou fazer coisas por causa da raiva, causando um grande sofrimento nos outros e prejudicando os nossos relacionamentos. Depois que o mal é feito, você se arrepende e jura que nunca mais vai repetir o que fez. Nesse momento, você está usando de toda sinceridade, sua boa vontade e sua intenção são as melhores possíveis. Mas quando a situação se apresenta novamente, você faz exatamente a mesma coisa, diz exatamente a mesma coisa e causa repetidamente os mesmos danos.

Sua inteligência e seu conhecimento não ajudam você a modificar sua energia do hábito. Somente a prática de reconhecê-la, abraçá-la e transformá-la é capaz de ajudar. É por isso que o Buda nos aconselhou a praticar a respiração consciente para podermos reconhecer e cuidar da energia do hábito assim que ela se manifesta. Se você for capaz de abraçar sua energia do hábito com a energia da plena consciência, estará em segurança e não cometerá de novo o mesmo erro.

Um jovem amigo americano veio a Plum Village e gostou muito da prática durante as três semanas que passou conosco. Ele demonstrou muita estabilidade, compaixão e compreensão durante sua permanência. Certo dia, os monges pediram que ele fosse fazer compras para a comemoração do Dia de Ação de Graças. Enquanto fazia as compras, ele de repente percebeu que estava apressado e queria que tudo fosse feito com muita rapidez, para que pudesse logo voltar para Plum Village.

Aquela foi a primeira vez, no decorrer das três semanas, que ele experimentou esse tipo de sentimento: estar apressado, querer que tudo fosse feito rapidamente. Em Plum Village, como estava cercado por irmãos que praticavam com firmeza os ensinamentos, ele se beneficiava da energia deles, de modo que a energia habitual de se apressar e de se estressar não tinha tido ocasião de se manifestar. Mas ao fazer compras no centro da cidade, ele estava sozinho, sem o apoio do mesmo tipo de energia, de modo que a semente da energia do hábito brotou de imediato.

Ele conseguiu reconhecer rapidamente essa energia e se deu conta de que sua mãe a havia transmitido para ele. Sua mãe estava sempre apressada, querendo que tudo fosse feito com muita rapidez. Ao perceber isso, ele retomou a prática da respiração consciente e disse: "Olá, mamãe, eu sei que você está aí." Depois que fez isso, a energia da pressa simplesmente desapareceu. Ele reconheceu sua energia do hábito, abraçou-a conscientemente e foi capaz de transformá-la, recuperando a paz e a firmeza que sentia antes de sair da comunidade. Ele sabia que só conseguira fazer isso por causa da sua prática em Plum Village.

Somos todos capazes de fazer o mesmo. Sempre que nossa energia do hábito surgir, basta reconhecê-la e chamá-la pelo nome. Respiramos conscientemente e dizemos: "Olá, ciúme; olá, medo; olá, irritação; olá, raiva. Eu sei que você está presente, mas eu estou aqui para cuidar bem de você e lhe dar um abraço consciente." Ao inspirar, saudamos nossa energia do hábito e, ao expirar, sorrimos para ela. Quando fazemos isso, nossa energia do hábito não pode mais nos dominar. Nós nos libertamos.

11 Reconstruindo a Terra Pura

Fazendo da felicidade uma prioridade

De vez em quando temos que tomar uma decisão que, às vezes, é muito difícil. Somos forçados a fazer uma escolha dolorosa, porque em toda escolha há um ganho e uma perda. Mas quando sabemos o que é mais importante para nós, o que queremos mais profundamente para nossa vida, a tomada de decisão se torna mais fácil e o sofrimento diminui.

A decisão de se tornar monge, por exemplo, não é fácil. Se sua vontade de seguir o caminho monástico é menor do que cem por cento, não faça essa escolha. Seu desejo deve superar os cem por cento. Quando sentir que a vida monástica é o que você quer acima de tudo, as outras coisas se tornam menos importantes e a decisão fica mais fácil.

Escrevi três volumes sobre a história do budismo no Vietnã. Os três foram bem recebidos pelos leitores, mas ainda resta um quarto volume a ser escrito. Ele é muito importante: trata-se da história do budismo no Vietnã, de 1964 aos nossos dias. Escrever esse livro é um projeto estimulante e interessante, pois tenho uma experiência direta dos fatos. Se eu não escrever o livro, talvez não haja mais ninguém com o tempo ou a experiência necessários para redigi-lo, o que seria uma perda para a história. Esse livro também ajudaria as pessoas a aprender mais a respeito do desenvolvimento e da prática do budismo.

Existe um historiador dentro de mim, e sinto uma enorme alegria quando desempenho esse papel: fazendo descobertas, revelando coisas novas e proporcionando uma orientação à nova geração, que pode aprender muito com os erros e os sucessos das antigas gerações. Portanto, meu desejo de escrever esse quarto volume é muito intenso. No entanto, até agora não consegui redigi-lo porque tenho outras coisas mais urgentes a fazer, como ajudar a aliviar o sofrimento de pessoas que estão ao meu lado, à minha frente e ao meu redor. Não posso me dar ao luxo de ser um erudito, um historiador, apesar de saber que o livro é extremamente importante. Possuo todos os documentos necessários para escrevê-lo, mas precisaria de um ano para concluir o projeto, o que envolveria a interrupção dos retiros, das palestras sobre o darma, das consultas e assim por diante.

Todos temos muito a fazer na vida do dia-a-dia. Você precisa decidir quais são as coisas mais importantes para você. Obter um diploma universitário pode levar de seis a oito anos, o que é um longo período de tempo. Você acredita que esse diploma é importante para sua felicidade. Talvez ele seja, mas pode haver outros elementos mais importantes para seu bem-estar e sua felicidade. Você também pode se dedicar a melhorar seu relacionamento com seu pai, sua mãe ou seu parceiro. Você tem tempo para isso? Você pode dispor de tempo suficiente para fazer esse trabalho? É muito importante melhorar o relacionamento com aqueles que você ama. Dispõe-se a dedicar um tempo significativo para investir na relação com os mais próximos? Para lidar com sua raiva? Você sabe que esse tempo proporcionará a você e à outra pessoa a felicidade e a estabilidade de que precisam para restabelecer a comunicação.

Um livro sobre você

Recentemente, um professor universitário americano veio a Plum Village. Ele estava ansioso para escrever um livro sobre mim e Thomas Merton. Ele quis conversar comigo sobre o assunto e eu imediatamente lhe disse: "Por que você não escreve um livro sobre você mesmo? Por que não se dedica integralmente à prática de fazer felizes você e as pessoas que o cercam? Isso é mais importante do que escrever um livro sobre mim e Thomas Merton. Muitos livros já foram escritos sobre ele." Nosso amigo reagiu, com a melhor das intenções e muito amor: "Mas ninguém escreveu até hoje um livro sobre você." Respondi: "Não estou interessado num livro sobre mim, mas gostaria muito que você escrevesse um livro sobre você. Escreva de todo o coração, para se transformar num instrumento do darma, da prática dos ensinamentos, para que você possa se tornar uma pessoa livre e feliz. Dessa maneira, você pode ajudar muitas pessoas à sua volta a também serem felizes."

O mais importante para mim é estabelecer um bom relacionamento com meus alunos. Tenho que possibilitar que as pessoas pratiquem os ensinamentos e se transformem, o que é extremamente gratificante. Sempre que um praticante é capaz de transformar seu sofrimento e estabelecer um bom relacionamento com as outras pessoas, estamos diante de uma grande vitória. Não se trata apenas de uma vitória para o praticante, mas para toda a comunidade e para a própria prática, o que é extremamente gratificante para todos nós. Conhecemos a história da jovem em Plum Village que conseguiu ajudar a mãe e a filha a se reconciliarem. Esta foi uma verdadeira vitória que fortaleceu a fé que tanto ela quanto nós temos na prática dos ensinamentos.

Se você tiver dificuldades com uma outra pessoa, se achar que a única coisa que ela quer é lhe causar sofrimento, e que é impossível fazer alguma coisa para ajudá-la, talvez você não esteja pondo em prática os ensinamentos. Se você acha que é impossível manter um diálogo com ela, falta praticar mais até se tornar possível conversar com a pessoa. Muitos me perguntam: "E se a pessoa não quiser cooperar, não quiser ouvir?" Se ela não quiser escutar você naquele momento, continue a praticar e se transformar, para que a reconciliação se torne possível.

Escrever um livro sobre você mesmo é uma maneira de fazer um exame profundo, reconhecer as raízes do seu sofrimento e descobrir um jeito de transformá-las. Escrever o livro ajudará você a se tornar uma pessoa feliz, capaz de também fazer felizes os que estão à sua volta.

Néctar da compaixão

Você deve se alimentar do néctar da compaixão antes de se aproximar de outra pessoa visando à reconciliação. A compaixão nasce da compreensão – do entendimento de que o outro também sofre. Temos a tendência de esquecer isso. Vemos apenas o nosso sofrimento e depois o exageramos, pensando: "Ninguém sofre como eu." Mas, com o apoio de uma comunidade, até mesmo de um amigo, será mais fácil fazer um exame profundo, perceber que a outra pessoa, por várias razões, também está sofrendo muito. Alimente-se, portanto, com o néctar da compaixão: ele lhe trará um grande alívio e lhe permitirá dissolver o conflito que provoca sofrimento.

Uma carta crucial

Vamos voltar a um ponto de que já tratamos antes. Se você consegue ouvir profundamente e se expressar com amor, você pode resolver um conflito com outra pessoa falando diretamente com ela. Mas, se você não tem certeza de que sua paz, firmeza e compaixão são suficientes para falar com calma e amor, talvez seja melhor você praticar escrevendo uma carta. Esse tipo de prática é muito importante, porque, mesmo que tenha a melhor das intenções, se sua prática não for suficientemente sólida, você pode se irritar quando falar e reagir de uma maneira inábil, o que talvez arruíne sua oportunidade. Assim, às vezes é mais seguro e mais fácil escrever uma carta.

Na carta, você pode usar de toda sinceridade. Você pode dizer à outra pessoa que ela fez coisas que lhe causaram sofrimento e mágoa. Você pode escrever tudo que sente interiormente. Quando estiver escrevendo, sua prática consiste em ter calma e usar a linguagem da paz e da bondade amorosa. Procure criar um diálogo. Você pode escrever coisas como: "Meu querido amigo, posso ser vítima de uma percepção errada e o que escrevo aqui talvez não reflita a verdade. No entanto, foi assim que senti a situação. Se você a sentiu de outra maneira, vamos sentar juntos e analisar a situação para esclarecer os mal-entendidos."

Na nossa tradição, quando os monges e a monjas se reúnem para oferecer orientação a alguém que a tenha solicitado, eles sempre usam esse tipo de linguagem. Eles usam o discernimento da comunidade. Isso não significa que o ponto de vista da comunidade seja perfeito, mas é a melhor percepção que podem oferecer. Os irmãos e as irmãs dizem o seguinte: "Ao oferecermos esta orientação, temos consciência de que pode haver coisas que não tenhamos compreendido. Pode haver elementos positivos que deixamos de perceber. E a comunidade pode ter percebido algumas coisas da maneira errada." Desse modo, quando você escrever uma carta para a outra pessoa, faça a mesma coisa: "Se o que estou percebendo estiver errado, por favor, me corrija." Use palavras amorosas quando escrever. Se uma frase não estiver bem escrita, você sempre pode rescrevê-la, dizendo o mesmo de uma forma mais delicada.

Temos que demonstrar na carta que somos capazes de perceber o sofrimento da outra pessoa: "Querido amigo. Sei que você tem sofrido, mas sei que não é totalmente responsável pelo seu sofrimento." Como você praticou o exame profundo, conseguiu descobrir várias raízes e causas diferentes para o sofrimento da outra pessoa. Você pode dizer estas coisas a ela. Descreva o seu sofrimento e demonstre que você compreende por que ela agiu ou falou daquela maneira.

Leve uma, duas ou até três semanas para terminar a carta, porque se trata de uma carta extremamente importante. Ela é mais importante do que o quarto volume da história do budismo no Vietnã. Mais importante do que o livro sobre Thich Nhat Hanh e Thomas Merton. A carta é crucial para sua felicidade. O tempo que você leva escrevendo é ainda mais importante do que os dois anos que você passa escrevendo sua tese de doutorado. A tese não é tão importante quanto a carta. Escrever uma carta desse tipo é a melhor coisa que você pode fazer para promover uma renovação e restabelecer a comunicação.

Você é o melhor médico, o melhor terapeuta para a pessoa que você ama. Mostre, portanto, a carta para um amigo ou amiga em quem você confia e pergunte se a linguagem que usou é suficientemente delicada e calma e se ela contém um profundo discernimento e traduz sua compaixão. Mostre-a, se quiser, a outras pessoas em quem confie, até sentir que a carta irá efetuar uma transformação na outra pessoa e curá-la.

Reconstruindo a Terra Pura

No início do relacionamento, a outra pessoa assumiu o compromisso de amar e cuidar de você, mas, agora, ela está extremamente distante. Ela não quer mais olhar para você. Ela não quer pegar sua mão e caminhar ao seu lado, e por causa disso você está sofrendo. No início do relacionamento, você se sentia no paraíso. Agora parece que essa pessoa não ama mais você e está procurando outra companhia, outro relacionamento. Seu paraíso se transformou em inferno e você não consegue sair dele.

De onde vem esse inferno? Talvez ele seja apenas uma criação da sua mente, das suas idéias, das suas percepções erradas. Assim, é com a sua mente que você pode destruir o inferno e se libertar.

A prática da plena consciência, de reconhecer e abraçar a raiva, envolve abrir a porta do inferno e transformá-lo, salvando você e a outra pessoa, para que voltem juntos à terra da paz. Isso é possível e é você que o fará, com a ajuda das pessoas em quem confia.

Se conseguir restaurar a felicidade do relacionamento, sua contribuição será enorme, porque todos adquirirão mais fé na prática dos ensinamentos. Com o apoio dos seus companheiros de prática, você pode transformar seu inferno e reconstruir a Terra Pura, restaurar a paz na sua vida do dia-a-dia. Comece imediatamente a escrever a carta. Um simples gesto pode dar início a um processo de felicidade e paz.

Escrevendo a carta o dia inteiro

Enquanto você estiver descansando, fazendo a meditação andando, trabalhando, limpando a casa ou preparando uma refeição, não pense diretamente na carta. Mas, pode acreditar, ela estará sendo construída na sua mente.

O tempo que você passa escrevendo-a é apenas o tempo de colocar seus sentimentos no papel, mas não é exatamente o momento no qual você produz a carta. Mesmo sem saber, você estará criando a carta enquanto descasca os legumes e verduras, quando pratica a meditação andando, quando varre a casa. Todas essas práticas, realizadas de forma consciente, ajudam você a se tornar mais firme e a ter mais tranqüilidade. A plena consciência e a concentração que você gera ajudam a desenvolver a semente da compreensão e da compaixão que se encontra dentro de você. A carta produzida pela plena consciência que você gerou o dia inteiro é simplesmente maravilhosa.

Viva com beleza cada momento

Há cerca de quinze anos, uma erudita budista americana me visitou quando eu estava nos Estados Unidos. Ela disse: "Querido mestre, seus poemas são tão bonitos. Você passa um longo tempo cultivando alface e fazendo coisas desse tipo. Por que você não usa seu tempo para escrever mais poesias?" Ela lera em algum lugar que eu apreciava cultivar legumes e verduras, cuidando pessoalmente das alfaces e pepinos, e pensava de uma maneira pragmática, ao sugerir que eu não desperdiçasse meu tempo trabalhando no jardim e o usasse para escrever poemas.

Respondi: "Minha querida amiga, se eu não cultivasse as alfaces, não conseguiria escrever os poemas que escrevo." Esta é a verdade. Se você não procurar viver profundamente, plenamente consciente cada momento do seu cotidiano, você não poderá escrever. Você não conseguirá produzir nada de valor para oferecer aos outros.

O poema é uma flor que você oferece às pessoas. Um olhar de compaixão, um sorriso, um ato repleto de bondade amorosa também é uma flor que floresce na árvore da plena consciência e da concentração. Embora você não pense na poesia enquanto está preparando o almoço para sua família, o poema está sendo escrito. Posso levar uma ou várias semanas para escrever um conto, um romance ou uma peça de teatro, mas a história ou o romance está sempre presente. Do mesmo modo, embora você não esteja pensando na carta que vai escrever para a pessoa que ama, ela está sendo escrita nas profundezas da sua consciência.

Você não pode passar o dia inteiro escrevendo a história ou o romance. Você também precisa fazer outras coisas. Você toma chá, prepara o café da manhã, lava sua roupa, rega suas plantas. O tempo que você passa fazendo essas coisas é extremamente importante. Você precisa se empenhar cem por cento no ato de cozinhar, de regar a horta, de lavar a louça. Você precisa apreciar profundamente cada coisa que estiver fazendo. Isso é muito importante para sua carta, seu poema ou qualquer outra coisa que você deseje produzir.

A iluminação não está separada do ato de lavar a louça ou cultivar a alface. A prática dos ensinamentos envolve aprender a viver cada momento da vida diária com plena consciência e profunda concentração. É exatamente nesses momentos da vida do dia-a-dia que vai se construindo o objeto de arte. O momento em que você começa a escrever a música, o poema ou a carta é apenas a hora do parto do bebê. Para que você possa dar à luz a criança, ela precisa já estar dentro de você. Se não estiver, mesmo que você passe horas na sua escrivaninha, não pode dar à luz nem pode produzir nada. Seu discernimento, sua compaixão e sua habilidade de escrever de uma maneira que toque o coração da outra pessoa são flores que florescem na árvore da sua prática. Devemos procurar viver plena e conscientemente cada momento da vida diária, a fim de possibilitar o florescimento dessa compaixão e desse discernimento.

A dádiva da transformação

Uma mulher grávida pode ficar muito feliz todas as vezes que pensar na criança que está dentro dela. Embora ainda não tenha nascido, a criança pode proporcionar muita alegria à mãe. Em cada momento da vida cotidiana, ela está consciente da presença do bebê, de modo que faz tudo com amor. Ela come com amor, bebe com amor, anda com amor, porque sabe que o amor dela é importante para a saúde da criança que ela carrega dentro de si. Ela é muito cuidadosa o tempo todo, pois sabe que, se cometer um erro, se fumar muito, se beber uma grande quantidade de álcool, o bebê será prejudicado. Por tudo isso, ela é muito consciente e vive com a mente voltada para o amor.

Os que praticam os ensinamentos agem de um modo muito semelhante ao de uma mãe. Sabemos que queremos produzir algo, queremos oferecer alguma coisa à humanidade, ao mundo. Cada um de nós carrega dentro de si uma criança para oferecer ao mundo, e ela precisa ser bem cuidada.

É essa energia que trazemos em nós que nos possibilita escrever uma verdadeira carta de amor e nos reconciliarmos com a outra pessoa. Uma verdadeira carta de amor é feita de discernimento, entendimento e compaixão. Caso contrário, não é uma carta de amor. A verdadeira carta de amor é capaz de produzir uma transformação na outra pessoa e, por conseguinte, no mundo. Mas, antes de produzir uma transformação na outra pessoa, ela precisa gerar uma transformação dentro de você. Você pode levar a vida inteira escrevendo a carta.

APÊNDICE A

Em Plum Village, casais, membros da mesma família ou amigos freqüentemente assinam este tratado de paz numa cerimônia em que toda a comunidade está presente. No entanto, você pode adaptá-lo da maneira que desejar. No final são feitas referências a Buda, mas sinta-se livre para modificá-las para que elas se adaptem à sua tradição espiritual.

Tratado de paz

A fim de poder viver uma vida longa e feliz juntos, a fim de poder continuamente desenvolver e aprofundar nosso amor e nossa compreensão, nós, abaixo assinados, prometemos observar e praticar o seguinte:

Eu, que sinto raiva, concordo em:

1. *Evitar dizer ou fazer qualquer coisa que possa causar sofrimento ou aumentar a raiva.*
2. *Não reprimir minha raiva.*
3. *Praticar a respiração consciente e me voltar para dentro de mim mesmo para cuidar da minha raiva.*
4. *No prazo de vinte e quatro horas, relatar, da maneira mais calma possível, a raiva e o sofrimento que estou sentindo em relação à pessoa que os causou, seja verbalmente ou através de um Bilhete de Paz.*
5. *Pedir verbalmente ou por escrito para marcar um encontro mais tarde na semana, como, por exemplo, na sexta-feira à noite, para discutir profundamente o assunto.*
6. *Não dizer: "Não estou com raiva, está tudo bem, não estou sofrendo. Não há nenhuma razão para me zangar."*
7. *Examinar profundamente minha vida do dia-a-dia enquanto descanso, ando, me deito, trabalho e dirijo, com o objetivo de perceber:*

– A forma como às vezes fui inábil.

– Como magoei a outra pessoa por causa da minha energia do hábito.

– Como a poderosa semente da raiva dentro de mim é a principal causa da minha raiva.

– Como a outra pessoa é somente a causa secundária.

– Como a outra pessoa está apenas procurando se livrar do próprio sofrimento.

– Que enquanto a outra pessoa sofrer, não poderei ser realmente feliz.

8. *Pedir desculpas imediatamente, sem esperar o encontro de sexta-feira, assim que eu me der conta da minha inabilidade e da falta de plena consciência.*
9. *Adiar o encontro de sexta-feira se não conseguir atingir a calma necessária para me encontrar com a outra pessoa.*

Eu, que fiz a outra pessoa sentir raiva, concordo em:

1. *Respeitar os sentimentos da outra pessoa, não ridicularizá-la e conceder um tempo suficiente para ela se acalmar.*
2. *Não insistir numa discussão imediata.*
3. *Aceitar o encontro com a outra pessoa, seja verbalmente ou através de um bilhete, e assegurar que estarei presente.*
4. *Se eu puder me desculpar, fazê-lo imediatamente, sem esperar a noite de sexta-feira.*
5. *Praticar a respiração consciente e o exame profundo para perceber que:*

– Possuo sementes de raiva e crueldade, bem como a energia do hábito. Eu me enganei ao pensar que, fazendo a outra pessoa sofrer, eu aplacaria meu sofrimento.

– Ao fazê-la sofrer, eu também sofro.

6. *Pedir desculpa assim que me der conta da minha inabi-*

lidade e falta de plena consciência, sem fazer qualquer tentativa de me justificar e sem esperar o encontro de sexta-feira.

Prometemos, com a presença do Senhor Buda como testemunha e a presença consciente do nosso Sangha, nos sujeitarmos a esses artigos e praticá-los irrestritamente. Invocamos as três pedras preciosas da proteção para nos concederem clareza e confiança

____

Assinatura

Dia ___ *de* __________ *do ano de* ______ *em* ____________

APÊNDICE B

Os Cinco Treinamentos da Plena Consciência

O primeiro treinamento da plena consciência: respeito pela vida

Consciente do sofrimento causado pela destruição da vida, prometo cultivar a compaixão e aprender maneiras de proteger a vida das pessoas, dos animais, das plantas e dos minerais. Proponho-me com determinação a não matar, a não deixar outros matarem e a não tolerar qualquer ato mortífero no mundo, no meu pensamento ou no meu modo de vida.

O segundo treinamento da plena consciência: a generosidade

Consciente do sofrimento causado pela exploração, pela injustiça social, pelo roubo e pela opressão, prometo cultivar a bondade amorosa e aprender maneiras de trabalhar para o bem-estar das pessoas, animais, plantas e minerais. Prometo praticar a generosidade compartilhando meu tempo, energia e recursos materiais com os verdadeiramente necessitados. Proponho-me com determinação a não roubar e não me apropriar de nada que pertença a terceiros. Respeitarei a propriedade dos outros e impedirei que outras pessoas tenham lucro com o sofrimento humano ou com o sofrimento de outras espécies na Terra.

O terceiro treinamento da plena consciência: a responsabilidade sexual

Consciente do sofrimento causado pela má conduta sexual, prometo cultivar a responsabilidade e aprender maneiras de proteger a segurança e a integridade das pessoas, casais, famílias e da sociedade. Eu me proponho com determinação a não me envolver em relações sexuais em que não haja amor e um compromisso a longo prazo. Para preservar minha felicidade e a dos outros, proponho-me com determinação a respeitar meus compromissos e os compromissos das outras pessoas. Farei tudo que estiver ao meu alcance para proteger as crianças do abuso sexual e para impedir que casais e famílias se desintegrem por causa da má conduta sexual.

O quarto treinamento da plena consciência: a escuta atenta e a linguagem amorosa

Consciente do sofrimento causado pelas palavras descuidadas e pela displicência em ouvir os outros, prometo cultivar a linguagem amorosa e a escuta atenta a fim de levar alegria e felicidade para as outras pessoas e aliviá-las do sofrimento. Consciente de que as palavras são capazes de criar a felicidade ou o sofrimento, prometo aprender a falar a verdade com palavras que inspirem autoconfiança, alegria e esperança. Proponho-me, com determinação, a não espalhar notícias duvidosas, bem como a não criticar ou condenar coisas das quais não tenha certeza. Deixarei de pronunciar palavras que possam causar a divisão ou a discórdia, ou ainda que possam prejudicar a família ou a comunidade. Farei todo o possível para me reconciliar e resolver todos conflitos, por menores que eles possam ser.

O quinto treinamento da plena consciência: o consumo consciente

Consciente do sofrimento causado pelo consumo negligente, prometo cultivar minha saúde física e mental, bem como a da minha família e da minha sociedade, comendo, bebendo e consumindo de um modo consciente. Prometo ingerir apenas alimentos que preservem a paz, o bem-estar e a alegria no meu corpo, na minha consciência e no corpo e consciência da minha família e da sociedade. Proponho-me com determinação a não fazer uso do álcool ou de qualquer outra substância tóxica e a não ingerir alimentos ou absorver outros itens que contêm toxinas, como certos programas de televisão, revistas, livros, filmes e conversas. Estou consciente de que prejudicar meu corpo ou minha consciência com esses venenos significa trair meus ancestrais, meus pais, minha sociedade e as gerações futuras. Trabalharei para transformar a violência, o medo, a raiva e a confusão existentes em mim e na sociedade praticando uma dieta para mim e para a sociedade. Compreendo que uma dieta adequada é fundamental para a transformação pessoal e da sociedade.

APÊNDICE C

Meditações Dirigidas para Fazer um Exame Profundo e Libertar a Raiva

Essas meditações dirigidas são úteis para a prática dos ensinamentos que você recebeu sobre a transformação da raiva. Você pode fazer as meditações em silêncio ou convidar outra pessoa para dirigi-las, lendo os exercícios em voz alta.

Comece com "Ao inspirar, sei que estou inspirando. Ao expirar, sei que estou expirando". A seguir diga as palavras-chaves "Entrando... soltando". Você deve sempre começar com alguns momentos de respiração consciente para acalmar a mente. Use a primeira palavra-chave para acompanhar a inalação e a segunda para acompanhar a exalação. Repita em silêncio as palavras-chaves ao inspirar e ao soltar o ar, para conseguir realmente entrar em contato com o significado da meditação. Evite dizer mecanicamente as palavras, procure vivenciá-las e senti-las concretamente. Inspire e expire de oito a dez vezes em cada exercício, mantendo as palavras-chaves vivas durante a respiração.

Examinando profundamente a raiva

Ao contemplar uma pessoa com raiva, eu inspiro. Ao ver o sofrimento dessa pessoa, eu expiro.

Ao contemplar o dano causado a mim e aos outros pela raiva, eu inspiro. Ao perceber que a raiva prejudica e destrói a felicidade, eu expiro.

Ao perceber as raízes da raiva no meu corpo, eu inspiro. Ao perceber as raízes da raiva na minha consciência, eu expiro.

Ao perceber as raízes da raiva nas percepções erradas e na ignorância, eu inspiro. Sorrindo para minhas percepções erradas e para a ignorância, eu expiro.

Ao ver a pessoa com raiva sofrer, eu inspiro. Sentindo compaixão pela pessoa com raiva que sofre, eu expiro.

Ao ver as circunstâncias desfavoráveis e a infelicidade da pessoa com raiva, eu inspiro. Ao compreender as causas dessa infelicidade, eu expiro. Ao ver que o fogo da raiva me queima, eu inspiro.

Ao sentir compaixão por mim quando estou ardendo de raiva, eu expiro.

Sabendo que a raiva me enfeia, eu inspiro. Ao perceber que sou a principal causa da minha feiúra, eu expiro.

Ao perceber que quando me zango sou uma casa em chamas, eu inspiro. Cuidando da minha raiva e me voltando para dentro de mim, eu expiro.

Ao me contemplar ajudando a pessoa com raiva, eu inspiro. Ao me ver capaz de ajudar a pessoa com raiva, eu expiro.

Libertando a raiva e curando o relacionamento com nossos pais

Vendo-me como uma criança de cinco anos, eu inspiro. Sorrindo para a criança de cinco anos, eu expiro.

Vendo a criança de cinco anos frágil e vulnerável, eu inspiro. Sorrindo com amor para a criança de cinco anos dentro de mim, eu expiro.

Vendo meu pai como um menino de cinco anos, eu inspiro. Sorrindo para meu pai como um menino de cinco anos, eu expiro.

Vendo meu pai como um menino de cinco anos frágil e vulnerável, eu inspiro. Sorrindo com amor e compreensão para meu pai como um menino de cinco anos, eu expiro.

Vendo minha mãe como uma menina de cinco anos, eu inspiro. Sorrindo para minha mãe como uma menina de cinco anos, eu expiro.

Vendo minha mãe como uma menina de cinco anos frágil e vulnerável, eu inspiro. Sorrindo com amor e compreensão para minha mãe como uma menina de cinco anos, eu expiro.

Vendo meu pai sofrendo quando criança, eu inspiro. Vendo minha mãe sofrendo quando criança, eu expiro.

Vendo meu pai em mim, eu inspiro. Sorrindo para meu pai em mim, eu expiro.

Vendo minha mãe em mim, eu inspiro. Sorrindo para minha mãe em mim, eu expiro.

Compreendendo as dificuldades do meu pai em mim, eu inspiro. Com a determinação de trabalhar para a minha libertação e a do meu pai, eu expiro.

Compreendendo as dificuldades da minha mãe em mim, eu inspiro. Com a determinação de trabalhar para a minha libertação e a da minha mãe, eu expiro.

APÊNDICE D

Relaxamento Profundo

Este é um exemplo de como guiar a si mesmo e os outros no relaxamento profundo. É muito importante permitir que o corpo relaxe. Quando o corpo está à vontade e relaxado, a mente também fica tranqüila. Procure praticar com freqüência este relaxamento. Embora ele possa durar meia hora, modifique-o livremente para que ele se encaixe na sua situação. Você pode torná-lo mais curto, para que dure apenas cinco ou dez minutos, e fazê-lo de manhã ao acordar, antes de ir para a cama à noite ou durante um pequeno intervalo no meio de um dia agitado. Você também pode torná-lo mais longo e ainda mais profundo. O importante é que você o usufrua. Se quiser, grave o texto a seguir numa fita cassete, para que ele o guie durante o relaxamento.

Deite-se confortavelmente de costas no chão ou na cama. Feche os olhos. Deixe os braços descansarem suavemente ao longo do corpo, e as pernas relaxarem, voltadas para fora.

Enquanto você inspira e expira, tome consciência de todo o corpo. Sinta as áreas do corpo que estão tocando o chão ou a cama: o calcanhar, a parte de trás da perna, as nádegas, as costas, a parte de trás da mão e do braço, a parte de trás da cabeça. Cada vez que você soltar o ar, sinta-se mergulhando mais profundamente no chão ou na cama, liberando a tensão, livrando-se das preocupações e não se prendendo a nada.

Ao inalar o ar, sinta o abdômen subir e, ao soltar o ar, sinta o abdômen descer. Durante várias respirações, preste atenção apenas no subir e descer do abdômen.

Agora, ao inspirar, tome consciência dos pés. Ao expirar, deixe que eles relaxem. Ao inalar o ar, envie amor para os pés e, ao soltar o ar, sorria para eles. Enquanto inalar e soltar o ar, sinta como é maravilhoso ter dois pés que permitem que você ande, corra, pratique esportes, dance, dirija e faça inúmeras outras atividades durante o dia. Envie sua gratidão para seus pés por estarem sempre presentes quando você precisa deles.

Ao inspirar, tome consciência das pernas. Ao soltar o ar, permita que todas as células das pernas relaxem. Ao inalar o ar, sorria para suas pernas e, ao expirar, envie amor para elas. Aprecie a força e saúde existentes nas suas pernas. Enquanto inala e solta o ar, mande carinho e ternura para elas. Deixe que elas descansem, afundando suavemente na superfície da cama ou do chão. Libere qualquer tensão que você possa estar sentindo nas pernas.

Ao inspirar, tome consciência das suas mãos pousadas sobre a cama ou o chão. Ao soltar o ar, relaxe completamente os músculos das mãos, liberando qualquer tensão que possa existir nelas. Ao inalar o ar, sinta como é maravilhoso ter duas mãos. Ao soltar o ar, envie um sorriso de amor para suas mãos. Ao inspirar e expirar, permaneça em contato com todas as coisas que suas mãos permitem que você faça: cozinhar, escrever, dirigir, dar a mão a outra pessoa, segurar um bebê, lavar o corpo, desenhar, tocar um instrumento musical, digitar, construir e consertar coisas, acariciar um animal, segurar uma xícara de chá. Você tem todas essas coisas à sua disposição por causa das suas mãos. Deleite-se com o fato de ter duas mãos e deixe que todas as células que fazem parte delas realmente descansem.

Ao inspirar, tome consciência dos seus braços. Ao expirar, deixe que eles relaxem completamente. Ao inalar o ar, envie amor para os braços e, ao soltar o ar, sorria para eles. Leve algum tempo apreciando seus braços e a força e a saúde que eles encerram. Envie para eles sua gratidão por permitirem que você abrace os outros, ajude e sirva outras pessoas, faça trabalhos pesados como limpar a casa e cortar a grama e execute muitas outras coisas no decorrer do dia. Ao inspirar e soltar o ar, deixe que seus braços descansem completamente na superfície da cama ou do chão. A cada expiração, sinta a tensão deixando seus braços. Ao abraçar os braços com sua plena consciência, sinta alegria e descontração em cada parte deles.

Ao inspirar o ar, torne-se consciente dos seus ombros. Ao soltar o ar, faça com que qualquer tensão existente neles deslize para o chão. Ao inspirar, envie amor para seus ombros e, ao expirar, sorria para eles com gratidão. Ao inalar e soltar o ar, tome consciência de que você pode ter deixado muita tensão e estresse se acumular nos ombros. A cada expiração, faça com que a tensão deixe seus ombros, sentindo-os relaxar cada vez mais profundamente. Envie para eles ternura e carinho, consciente de que você não quer exigir demais deles, que você quer viver de uma maneira que os deixe relaxados e descontraídos.

Ao inspirar, tome consciência do seu coração. Ao soltar o ar, deixe seu coração descansar. Ao inalar o ar, envie amor para o coração. Ao expirar, sorria para seu coração. Enquanto você inala e exala o ar, entre em contato com a sensação maravilhosa que é ter um coração que bate no peito. O coração torna sua vida possível e está sempre ao seu lado, cada minuto, todos os dias. Ele nunca descansa. Seu coração bate desde que você era um feto de quatro semanas no útero da sua mãe. É um órgão maravilhoso que permite que você faça tudo que faz durante o dia. Inspire, na certeza de que seu coração ama você. Solte o ar e prometa viver de uma maneira que irá ajudar seu coração a funcionar bem. A cada expiração, sinta seu coração ficar cada vez mais relaxado. Faça com que cada célula do seu coração sorria alegre e descontraída.

O inspirar, tome consciência do seu estômago e do seu intestino. Ao soltar o ar, deixe que eles relaxem. Ao inalar o ar, envie para eles amor e gratidão. Ao expirar, sorria carinhosamente para eles. Ao inalar e exalar o ar, pense em como esses órgãos são essenciais para a sua saúde. Dê a eles a oportunidade de descansar profundamente. Todos os dias eles digerem e assimilam a comida que você come, proporcionando-lhe força e energia. Eles precisam que você dedique algum tempo a reconhecê-los e apreciá-los. Ao inalar o ar, sinta o estômago e o intestino relaxando e liberando toda a tensão. Ao soltar o ar, usufrua o fato de ter um estômago e um intestino.

Ao inspirar, tome consciência dos seus olhos. Ao expirar, deixe que os olhos e os músculos ao redor deles relaxem. Ao inalar o ar, sorria para seus olhos e, ao soltar o ar, envie amor para eles. Permita que seus olhos descansem e rolem para trás. Enquanto você inspira e expira, pense em como seus olhos são preciosos. Eles permitem que você olhe nos olhos de alguém que você ama, contemple um belo pôr-do-sol, leia e escreva, se mova com facilidade de um lado para outro, veja um pássaro voando no céu, assista a um filme – tantas coisas são possíveis por causa dos seus olhos. Leve algum tempo apreciando a dádiva da visão e deixe seus olhos descansarem profundamente. Você pode erguer suavemente as sobrancelhas para ajudar a liberar a tensão que pode existir ao redor dos olhos.

Continue a relaxar outras áreas do corpo usando o mesmo padrão que acaba de ser descrito.

Agora, caso haja algum lugar no seu corpo que esteja doente ou dolorido, tome consciência dele e envie amor para lá. Ao inspirar, permita que essa área repouse, e, ao soltar o ar, sorria para ela com grande ternura e carinho. Tome consciência de que outras partes do seu corpo permanecem fortes e saudáveis e deixe que essas partes enviem força e energia para a área fraca ou doente. Sinta o apoio, a energia e o amor do resto do corpo penetrando na área enfraquecida, acalmando-a e curando-a. Inspire e declare sua capacidade de curar, solte o ar e liberte-se da preocupação ou do medo que você possa estar retendo no corpo. Ao inalar e exalar o ar, sorria com amor e confiança para a área do seu corpo que está enfraquecida.

Finalmente, ao inspirar, tome consciência do seu corpo inteiro deitado. Ao soltar o ar, goze a sensação do seu corpo inteiro deitado, extremamente relaxado e calmo. Sorria para todo o seu corpo ao inalar o ar e envie amor e compaixão para todo o seu corpo ao expirar. Sinta todas as células do seu corpo sorrindo alegres para você. Sinta gratidão pela totalidade das células do seu corpo. Volte ao suave subir e descer do seu abdômen.

Se você desejar, acompanhe este relaxamento com músicas bem suaves.

Para encerrar, espreguice-se lentamente e abra os olhos. Levante-se devagar, com calma e leveza. Exercite-se levando a calma e energia consciente que você gerou para sua próxima atividade e para o restante do dia.

O Autor

Thich Nhat Hanh viveu até hoje uma vida excepcional numa época extraordinária. Aos dezesseis anos, ele se tornou monge budista e ativista da paz. Sobreviveu à perseguição, a três guerras e a mais de trinta anos de exílio. Ele é o mestre de um templo no Vietnã cuja linhagem tem mais de dois mil anos e, na verdade, recua até o próprio Buda. Autor de mais de cem livros de poesia, ficção e filosofia, Thich Nhat Hanh fundou universidades e organizações de serviço social. Liderou a delegação budista vietnamita nas Conferências de Paz em Paris e foi indicado para o Prêmio Nobel da Paz pelo Reverendo Martin Luther King, Jr. Ele mora na França e em Vermont, nos Estados Unidos.

Thich Nhat Hanh possui comunidades de retiro no sudoeste da França (Plum Village), em Vermont (Green Mountain Dharma Center) e na Califórnia (Deer Park), onde monges, monjas e leigos praticam a arte da vida consciente. Os visitantes são convidados a participar da prática pelo menos durante uma semana. Para maiores informações, escreva para:

Plum Village
13 Martineau
33580 Dieulivol, França
NH-office@plumvillage.org (*para mulheres)*
LH-office@plumvillage.org (*para mulheres)*
UH-office@plumvillage.org (*para homens)*
www.plumvillage.org

Para informações sobre nossos mosteiros, centros de prática de plena consciência e retiros nos Estados Unidos, entre em contato com:

Green Mountain Dharma Center
P.O. Box 182
Hartland Four Corners, VT 05049
Tel.: (802) 436-1103
Fax: (802) 436-1101
MF-office@plumvillage.org
www.plumvillage.org

Deer Park Monastery
2499 Melru Lane
Escondido, CA 92026
Tel.: (760) 291-1003
Fax: (760) 291-1172
Deerpark@plumvillage.org

CONHEÇA OUTROS TÍTULOS DA EDITORA SEXTANTE

De Sua Santidade, o Dalai-Lama:

UMA ÉTICA PARA O NOVO MILÊNIO

Com uma visão ao mesmo tempo crítica e otimista, o Dalai-Lama examina o papel social desempenhado pela educação, mídia, política internacional e religião, estabelecendo um plano de ação para cada setor e guiando-nos para assumir a responsabilidade por nosso futuro e para criarmos um sistema ético que seja global e viável.

Neste livro, ele também apresenta uma visão radical do progresso material, do desenvolvimento tecnológico e da falta de contentamento e ética de nossa sociedade. Ele defende que o alto grau de ansiedade, ambição, estresse, insegurança e depressão que existe no mundo desenvolvido pode ser alterado com uma mudança em nossas percepções básicas.

A solução para nosso sofrimento não depende da adesão a uma religião, mas de se adotar os princípios da compaixão, paciência, perdão, humildade e tolerância.

PALAVRAS DE SABEDORIA

Este pequeno livro contém ensinamentos essenciais sobre o budismo e foi escrito pelo Dalai-Lama, um dos maiores líderes espirituais do nosso tempo.

Estas lições associam a sabedoria antiga à compreensão dos problemas da vida moderna e nos estimulam a refletir sobre a importância do amor, da compaixão e da necessidade da responsabilidade individual.

O CAMINHO DA TRANQÜILIDADE

"Todos nós, seres humanos, queremos ser felizes e evitar o sofrimento. De acordo com minha limitada experiência, se quisermos conseguir isso, é de grande valia a capacidade de cultivar e manter um estado de espírito positivo.

Segundo a tradição budista, um dos meios mais eficazes de fazê-lo é praticando a meditação e desenvolvendo pensamentos positivos. É por isso que temos o hábito de ler e recitar os textos dos livros sagrados e das orações.

Com toda a humildade, rezo para que os leitores possam encontrar nestas palavras alguma inspiração para desenvolver aquela generosa paz de espírito que é a chave da felicidade duradoura."

Sua Santidade, o Dalai-Lama

De Pema Chödrön

OS LUGARES QUE NOS ASSUSTAM

Podemos permitir que as circunstâncias da vida nos endureçam, deixando-nos cada vez mais cheios de medos e ressentimentos, ou podemos nos tornar mais abertos em relação ao que nos assusta. Nós sempre temos escolha.

Na maioria das vezes, tentamos nos proteger através da raiva, do ciúmes, da inveja, da arrogância e do orgulho, mas não conseguimos vencer a incerteza e o medo com essas barreiras. Temos que aprender a nos relacionar com o desconforto usando outras ferramentas, como a bondade e a compaixão.

Neste livro, a monja budista Pema Chödrön nos ensina a confrontar nossos medos e dificuldades através de práticas poderosas que vão nos apoiar e inspirar nos bons e maus momentos, e despertar uma coragem e sabedoria que nem sabíamos que tínhamos.

De Osho

APRENDENDO A SILENCIAR A MENTE

"Meditação é sentar-se sem fazer nada. Se você começar a fazer alguma coisa, estará movendo-se para fora de seu centro. Quando não estiver fazendo absolutamente nada, seja física ou mentalmente, quando você estiver apenas sendo, isto é meditação. Não é possível fazê-la, não é possível praticá-la. É preciso apenas compreendê-la.

Dizem que devemos agarrar as oportunidades. Pois eu digo o contrário: continue aberto à meditação e, quando o momento chegar, quando você estiver realmente relaxado e aberto, a meditação irá agarrá-lo. E depois disso não o deixará mais."

De Eckhart Tolle

O PODER DO AGORA

Nós passamos a maior parte de nossas vidas pensando no passado e fazendo planos para o futuro. Ignoramos ou negamos o presente e adiamos nossas conquistas para algum dia distante, quando conseguiremos tudo o que desejamos e seremos, finalmente, felizes.

Mas, se queremos realmente mudar nossas vidas, precisamos começar neste momento. Essa é mensagem simples, mas transformadora de Eckhart Tolle: viver no Agora é o melhor caminho para a felicidade e a iluminação.

Combinando conceitos do cristianismo, do budismo, do hinduísmo, do taoísmo e de outras tradições espirituais, Tolle elaborou um guia de grande eficiência para a descoberta do nosso potencial interior. Este livro é um manual prático que nos ensina a tomar consciência dos pensamentos e emoções que nos impedem de vivenciar plenamente a alegria e a paz

De Daniel Goleman

A ARTE DA MEDITAÇÃO

A arte da meditação é o método mais antigo para tranqüilizar a mente e relaxar o corpo. A meditação é, em essência, o treinamento sistemático da atenção. Ela tem como objetivo desenvolver a capacidade de concentração e enriquecer nossa percepção.

Talvez o efeito mais importante da meditação seja a paz interior, um refúgio onde você pode escapar da turbulência do seu dia-a-dia. O hábito de meditar diariamente vai lhe ajudar a desligar-se do estresse e trará calma e energia para você enfrentar melhor os desafios que vêm pela frente.

De Shakti Gawain

A VISUALIZAÇÃO CRIATIVA PODE MUDAR A SUA VIDA

Quando estamos imersos na corrida e na rotina do dia-a-dia, perdemos de vista o significado da vida. Alguns param de vez em quando e se perguntam: "Para quê? Para que essa luta, esse esforço, essa dificuldade? Qual é o sentido de tudo o que eu vivo?"

Outros nem chegam a formular a pergunta, mas sentem uma ansiedade, uma insatisfação crônica que nenhum bem externo é capaz de preencher. Shakti Gawain conta neste livro que já passou por tudo isso, mas não se conformou e resolveu descobrir a razão da sua presença neste mundo.

É esta descoberta que a autora compartilha com o leitor, contando também um pouco da sua história para que todos possam compreender o caminho que ela trilhou até encontrar a paz interior e a felicidade. "Acho que é isso que, mesmo sem saber, todos nós buscamos", diz Shakti.

De Neale Donald Walsch

APRENDENDO A SE RELACIONAR COM A RIQUEZA

"A abundância – que também poderíamos chamar de riqueza – é um assunto que tem me interessado muito ao longo dos anos. A primeira coisa que entendi sobre a abundância, quando comecei a examiná-la mais profundamente, foi que eu a definia mal. Pensava que tinha a ver com a quantidade de coisas que eu possuía.

Se virmos a vida essencialmente como o bem, resolveremos nossos problemas com dinheiro e faremos do dinheiro um amigo. Faremos boas coisas para nós mesmos, porque merecemos. E faremos boas coisas para os outros. Partilharemos a abundância que nos é dada por Deus. E ninguém ficará sem nada. Há o bastante para todos nós."

APRENDENDO A CONVIVER COM QUEM SE AMA

Os relacionamentos são a experiência mais importante de nossa vida. Nós nos relacionamos o tempo inteiro com a família, com os amigos, com o trabalho e com nós mesmos. Nada nos dá tanta alegria quanto conviver com quem amamos. Mas também não há nada tão complicado e doloroso.

Neste livro você vai encontrar ajuda para tentar construir relacionamentos mais felizes. Neale Donald Walsch relata seu encontro com um grupo de quarenta pessoas, em que expões idéias simples que descobriu a partir de sua própria experiência e sobretudo de seu diálogo com Deus.

APRENDENDO A VIVER PLENAMENTE

Se você tem uma vaga inquietação ou sente um vazio em sua vida, este livro é uma bela oportunidade de questionar suas escolhas e de refletir sobre a maneira como tem vivido até hoje. Em geral, não damos atenção às palavras daqueles que nos oferecem orientação espiritual. E por isso nos desviamos do nosso caminho.

Depois de usufruir a sabedoria e o calor humano de Walsch, você ficará mais inspirado e se tornará capaz de realizar mudanças positivas em sua vida. Tomará consciência de que precisa ter uma vida integrada. Uma vida em que as três dimensões - a física, a mental e a espiritual - poderão se expandir para que você realize todo o seu potencial e entre em harmonia com aquilo para que foi criado, alcançando assim a felicidade plena.

De David Niven

OS 100 SEGREDOS DAS PESSOAS FELIZES

Baseado em centenas de estudos científicos, o psicólogo e cientista social Dr. David Niven organizou a lista dos 100 segredos mais simples que podem nos ajudar a ser bem-sucedidos.

Neste livro, ele se debruça sobre as pesquisas que identificaram as práticas, princípios e crenças necessários para se ter sucesso. De forma simples e agradável, apresenta em cada capítulo uma dessas conclusões, acompanhada de um exemplo real e de um conselho que você deve colocar em prática se quer realmente “chegar lá”.

OUTROS TÍTULOS DA EDITORA SEXTANTE

De Max Ehrmann

Desiderata

De Bradley Trevor Greive

Um Dia "Daqueles"

Querida Mamãe, Obrigado por Tudo

O Sentido da Vida

Em Busca do Príncipe Encantado

A Incrível Verdade Sobre as Mães

De Leonardo Boff

Ethos Mundial

Fundamentalismo

Tempo de Transcendência

Espiritualidade

A Oração de São Francisco

De Bob Nelson

Faça o que Tem de Ser Feito

De Jack Canfield e Mark Victor Hansen

Histórias para Aquecer o Coração

Histórias para Aquecer o Coração 2

Histórias para Aquecer o Coração das Mães

Histórias para Aquecer o Coração das Mulheres

Histórias para Aquecer o Coração dos Adolescentes

De Allan e Barbara Pease

Por que os Homens Fazem Sexo e as Mulheres Fazem Amor?

Por que os Homens Mentem e as Mulheres Choram?

De Bruce Feiler

Pelos Caminhos da Bíblia

Abraão

De Oriah Mountain Dreamer

A Dança

O Convite

De James Van Praagh

O Despertar da Intuição

Conversando com os Espíritos

Em Busca da Espiritualidade

De Iyanla Vanzant

Enquanto o Amor não Vem

Esperando o Amor Chegar

Ontem, Eu Chorei

Um Dia Minha Alma se Abriu por Inteiro

De Tony Parsons

Pai e Filho

De Brian Weiss

A Cura Através da Terapia de Vidas Passadas

A Divina Sabedoria dos Mestres

Os Espelhos do Tempo

Mensagens dos Mestres

Muitas Vidas, Muitos Mestres

Só o Amor é Real

Meditando com Brian Weiss

INFORMAÇÕES SOBRE OS PRÓXIMOS LANÇAMENTOS

Para receber informações sobre os próximos lançamentos da EDITORA SEXTANTE, queira entrar em contato com nossa Central de Atendimento, dando seu nome, endereço e telefone para:

Editora Sextante

Rua Voluntários da Pátria 45 – 1.404 – Botafogo

22270-000 – Rio de Janeiro – RJ

Tel.: (21) 2286-9944 – Fax: (21) 2286-9244

DDG: 0800-22-6306 (ligação gratuita)

E-mail: atendimento@esextante.com.br

Para saber mais sobre nossos títulos e autores, e enviar seus comentários sobre este livro, visite o nosso site:

www.esextante.com.br

PAPEL

CHAMOIS-BULK alta performance alcalino

Esse livro foi impresso em papel Chamois Bulk Alta Performace Dunas 90g/m² da Ripasa S/A Celulose e Papel produzido a partir de floresta plantada de eucalipto.